IRLAND

BASSERMANN

IRLAND

Natürlich wäre es ein Fehler, Irland als eine fast unwirkliche Dimension auf halbem Weg zwischen einem Märchen und einem etwas verblichenen Aquarell zu sehen. Im Gegenteil, Irland ist ein lebendiges und vitales Land. Dublin ist „fast" eine Großstadt, die traditionelle Musik wird oftmals von hartem Rock verdrängt, Autos verdrängen auch hier – wenn auch später als in vielen anderen Ländern – die Pferde als Transportmittel. Da ist es schon eher wahr, daß das „neue" Irland in unerwarteter Harmonie mit einem wilden, einsamen Irland zusammenlebt, in dem die Zeit stehengeblieben ist. William Butler Yeats, der große irische Dichter, nannte es „das Land der Herzenswünsche". Es ist eben einfach etwas mehr als ein Ort: ein Gefühl, eine Emotion. Bilder und Atmosphären sind über Jahrhunderte die gleichen geblieben, und das erträumte Irland stellt sich als das richtige heraus. Die Dinge, die wirklich zählen, sind von entwaffnender Alltäglichkeit: Angeln gehen, ein „Pint" mit Freunden im Pub trinken und dabei irische Musik hören. Wer durch Irland reist, dem fällt sofort diese unerwartet gesellige Stimmung auf, und man entdeckt das Vergnügen, als *Quiet Man* (ruhiger Mann) umherzugehen, um den Titel eines berühmten alten Films von John Ford – ebenfalls ein gebürtiger Ire – aufzugreifen, der hier in diesen grünen und steingrauen Landschaften der Grafschaft Mayo gedreht worden ist (deutscher Titel: *Der Sieger*). In Irland läßt man sich von der Phantasie, nicht vom Baedeker leiten, denn nichts ist zu aufsehenerregend, keines

10–11 Die Siedlungen der Menschen fügen sich harmonisch in die irische Landschaft ein. Etliche Häuser sind noch typische Cottages aus weiß gekalktem Stein, mit einem einzigen Stockwerk und dem Strohdach, das nach strengster Tradition hergestellt wird (s. kleines Foto rechts). Sie bilden ein harmonisches Ganzes mit der Natur, und zuweilen gehen die Häuser sogar eine solche Symbiose mit der Vegetation ein, daß man beinahe nicht mehr zwischen Steinmauern und Blätterwald unterscheiden kann (s. kleines Foto links oben). Die richtigen Städte lassen sich an fünf Fingern abzählen, denn Irland ist eher ein Land der Dörfer (großes Foto), die aus kleinen, rund um die Kirche angesiedelten Häuschen bestehen, dem Pub, ein paar Kramläden, dem Land – hier wird das Leben von einem Rhythmus bestimmt, den es nirgendwo sonst auf der Welt gibt. Dieser Irish Way of Life ist ein Schlüsselelement der Faszination der Insel.

12 Mitte *Auf dem Foto die malerische Fassade des Herrenhauses von Powerscourt Gardens am Fuß der Wicklow-Berge. Von dem palladianischen Domizil, das zwischen 1731 und 1740 von Richard Cassels erbaut wurde, ist heute nur die Fassade geblieben, denn 1974 zerstörte ein Brand alles andere. Elegant und im Stil des 18. Jahrhunderts nach dem Vorbild italienischer und japanischer Gärten angelegt, zählen Powerscourt Gardens, die zahlreiche, zumeist italienische Statuen, Balustraden und Brunnen schmücken, zu den schönsten des Landes.*

der Monumente zu bekannt oder zu oft abfotografiert, allein schon eine Reise wert. Kein Eiffelturm, kein Kolosseum. Statt dessen, vor einem Hintergrund endloser Weite und Stille, eine Welt für sich mit Schlössern und Festungen, antiken Abteien, prähistorischen Steindörfern, die plötzlich aus dem Grün der Felder auftauchen, als stünden sie seit jeher dort, in vollkommener Einheit mit der Landschaft. Alles ist in der Schwebe zwischen Unendlichkeit und Liebe zum Detail. Vielleicht auch, weil Irland gleichbedeutend mit der Heimat der „little people“, der Gnome und Kobolde ist, ändern sich hier die Proportionen, und die kleinen Dinge werden ebenso wichtig wie die großen. Wo es nichts Vorgefertigtes und keine Zwänge gibt, wird es einfach für jeden, sein eigenes Irland zu entdecken und nachzuvollziehen. Ein „Land der Herzenswünsche“, das gleichzeitig die Faszination absoluter Freiheit vermittelt und den Zauber, in einem Traum, einer Emotion und einer grenzenlosen Nostalgie gefangen zu sein.

12 Eine Besonderheit der irischen Landschaft sind die vielen Schlösser und Herrenhäuser. Prachtvolle Bauten, umgeben von Grün, die unversehens mitten auf dem Land sichtbar werden und zum Verweilen einladen. Etliche sind noch bewohnt (auf dem Foto oben rechts Lady Olivia Roberts und Lord Strathloch in ihrem Schloß), haben prachtvolle Räume (auf dem Foto unten links ein Saal des Moyglare Manor) und sind teilweise in Museen bzw. luxuriöse Hotels verwandelt worden, in denen man wirklich königlich empfangen wird (die Schloßhotels sind eine der angenehmsten Besonderheiten des Reiselands Irland).

12–13 Muckross House, stilvolle, elegante Residenz im Tudor-Stil, die 1843 am Ufer des Muckross Sees im Herzen des Killarney National Park erbaut wurde und heute Sitz des Kerry Folklife Center ist.

16–17 Das reizvolle Profil des Schlosses von Dunluce in der Grafschaft Antrim, Ulster, das am Rand des Abgrunds errichtet und 1639 verlassen wurde, als ein Sturm einen Teil ins Meer riß. Zuvor stand hier eine normannische Festung aus dem 16. Jahrhundert.

18–19 Ein Bild von Clifden, der 1812 von einem einheimischen Landbesitzer, John d'Arey, gegründeten „Hauptstadt" von Connemara. Die Reste eines vor der Stadt liegenden Schlosses sind noch zu sehen. Clifden besitzt den ganzen Reiz der irischen Kleinstädte: ein paar farbige Häuschen entlang der Hauptstraße, das Profil zweier Kirchen mit spitzen Türmen (die protestantische und die neugotische katholische), im Hintergrund die sanften Anhöhen von Twelve Bens.

Dunluce Castle in Ulster

Landschaft in Cork

Ein Strand in Donegal

Donegall Square in Belfast

Die Weiden der Grafschaft Waterford

Eine Ansicht Dublins vom Liffey aus

GESCHICHTE UND KUNST

20–21 *Die etwa aus 3000 v.Chr. stammende, aber erst 1962 entdeckte Grabstätte, die einen Durchmesser von 85 m aufweist und 11 m hoch ist, war ursprünglich ganz von eingeritzten Steinen umgeben: Etwa ein Dutzend dieser uralten Menhire wurde wiedergefunden und um die Eingangstür aufgestellt. Von hier aus führt ein mit behauenen Steinen dekorierter Korridor zu dem 6 m hohen Gewölbe der Hauptkammer und den drei kleineren Seitenkammern.*

20 oben *Das Hügelgrab von Newgrange ist eines der eindrucksvollsten historischen Grabmäler Irlands. Die Einmaligkeit von Newgrange besteht in seinen astronomischen Implikationen: Eine Öffnung über dem Gang, der zur Hauptkammer führt, wurde so angelegt, daß die Sonnenstrahlen am 21. Dezember, dem kürzesten Tag des Jahres, 17 Minuten lang in das Innere der ansonsten völlig dunklen Grabstätte dringen können. Gewiß handelt es sich hier um einen faszinierenden Ort, der antiken keltischen Mythen zufolge das Reich von Aengus, dem Liebesgott, gewesen sein soll. Hier in Newgrange sollen die Könige von Tara begraben liegen (obgleich die chronologische Datierung dies fraglich erscheinen läßt: Der Grabhügel ist mindestens 3000 Jahre älter), aber mit an Sicherheit grenzender Wahrscheinlichkeit war er das Mausoleum einer uralten Herrschersippe.*

Die Geschichte Irlands ist kurioserweise die Geschichte nie geschehener Ereignisse, die gerade aus diesem Grund die Vergangenheit der Insel geprägt haben, und die auch heute noch die Gegenwart bestimmen. Die unterlassenen Handlungen reichen von der nicht erfolgten römischen Invasion, ein in Westeuropa einmaliger Fall, über eine Christianisierung ohne Märtyrer bis zu einer nie wirklich stattgefundenen industriellen Revolution. Ergebnis: ein Land, das noch heute eine Welt für sich ist. Vor etwa 8000 Jahren erreichten erste Siedler, vermutlich Skandinavier, die Insel und machten das Land urbar.

20 links *In jeder Kammer befindet sich ein rituelles Becken.*

Jene Uriren, die Landwirtschaft und Viehzucht betrieben, hatten bereits gute architektonische und astronomische Kenntnisse erworben und zeichneten sich durch ein starkes Bedürfnis nach Religiosität aus. Die Hügelgräber von Newgrange aus dem 3. Jahrtausend v.Chr. sind interessante Zeugnisse dieser frühen irischen Geschichte und reizen den Besucher zu einer Gratwanderung zwischen Legende und Mystik. Die einzigartige Totenstadt von Newgrange, die erst 1962 entdeckt wurde, ist übersät mit Steinen, in die esoterische Symbole gehauen sind. Ein grandioses Hügelgrab schützt die unterirdische Grabkammer. Die Öffnung an der Tür wurde so geschickt angelegt, daß die Sonne am schicksalhaften 21. Dezember, dem kürzesten, symbolträchtigen Tag des Jahres, 17 lange Minuten in die ansonsten völlig dunkle Kammer des Ganggrabes hineinscheinen kann. Dieser Ort ist geheimnisumwobenes Zentrum der keltischen Legenden und bildet heute das Herz des Boyne Valley Archeological Park, einer der größten neolithischen Siedlungen Europas.

Nicht weit entfernt davon liegt Tara Hill, der magische Hügel, wohl der rätselhafteste Ort der gesamten Vergangenheit der grünen Insel, heidnische Kultstätte und Sitz der legendären Könige von Tara.

21 oben links *Der stone circle von Agroom in der Grafschaft Cork. Die meisten Steinzeitgräber sind Dolmen, das heißt Konstruktionen, die aus drei oder mehreren Steinen bestehen, über die waagerecht ein großer Stein (manchmal auch zwei) gelegt wurde, so daß sich eine Art riesiger Tisch bildete: In der Tat bedeutet das Wort Dolmen auf altbretonisch „Steintisch".*

21 oben rechts *Der Poulnabrone Dolmen, der berühmteste des Burren, eines Gebiets, das reich an prähistorischen Siedlungen ist, mit etwa 70 freigelegten Gräbern. Es handelt sich beim Poulnabrone Dolmen um ein 4500 Jahre altes Grabmal, in dessen Nähe 17 Erwachsene und 16 Kinder beerdigt wurden. Ein Großteil der irischen Dolmen geht auf das Jahr 2000 v.Chr. zurück.*

Etwa ab 500 v.Chr. kamen die ersten Kelten auf die Insel und wurden bald zum bestimmenden Element der Bevölkerung. Es sind die Kelten und ihre Kultur, die bis 800 n.Chr. kein äußerer Einfluß stört, welche die Geschichte Irlands am nachhaltigsten prägen. Eine gut organisierte, in „Clans" gegliederte Gesellschaft, eine Schriftsprache – jenes Gälisch, in dem die ersten Dichter den Schatz an Liedern und Legenden verfassen, der den Kern der Landeskultur darstellt –, eine Struktur kleiner Rei-

cher, die tuatha: das irische Entwicklungsmodell scheint im Verhältnis zum übrigen Westen autonom und originell zu sein.

***22 oben rechts** Der Kelch von Ardagh, der zufällig gefunden wurde (ein Junge, der 1868 Kartoffeln auflas, entdeckte ihn), ist eine der schönsten Arbeiten des 1. Jahrtausends. Aus Silber gehämmert, ist der aus dem 8. Jahrhundert stammende Kelch mit Bronze und Goldfiligran, mit Emaille und Gravierungen verziert.*

***22 links** Das goldene Boot, das in der Grafschaft Derry ausgegraben wurde, gehörte zu einem Schatz der keltischen Epoche und ist wahrscheinlich das wertvolle Modell eines großen Ruder- und Segelschiffs.*

***22 unten rechts** Die fein ausgearbeitete Silberschnalle ist wahrscheinlich ein Werk aus der Zeit der Wikinger, denn es waren vornehmlich die Wikinger, die die einheimischen Handwerker mit Silber belieferten.*

23 unten links *Geschickt in der Verarbeitung des reichlich vorhandenen Metalls (vornehmlich in der Umgebung von Kerry, Cork und Tipperary sowie in den Grafschaften Wicklow und Tyrone), stellten die Handwerker des irischen Mittelalters kostbare Kultgegenstände und richtiggehende Schmuckstücke her. Auf dem Foto ein prachtvoller Kelch.*

23 oben rechts *Eine Luftaufnahme der Festung Dún Aengus auf der größten Aran-Insel, Inishmore. Die Luftaufnahme läßt die Struktur der Festung besonders deutlich erkennen, die aus einem dreifachen Halbkreis aus steil über das Felsenriff ragenden Trockenmauern besteht (womöglich handelte es sich ursprünglich einmal um eine vollständige Kreisform, denn ein Teil der Klippe könnte in den Ozean gestürzt sein). Eine der mächtigsten Befestigungsanlagen in Europa aus prähistorischer Zeit, ist dieser Bau immer noch geheimnisumwoben und soll der Legende zufolge von einer Sippe von Riesen, den Fir Bolgh, erbaut worden sein.*

23 oben links *Die prachtvolle Tara Brooch des 8. Jahrhunderts, eine Brosche aus weißer Bronze, die mit Goldfiligran, Bernstein, farbigem Glas und Emaillearbeiten verziert ist, die eine besonders reizvolle Zeichnung mit Vögeln und wilden Tieren bilden. Wahrscheinlich war sie die Brosche eines politischen Führers oder kirchlichen Würdenträgers.*

23 unten rechts *Auf dem Foto sieht man die Goldkette von Gleninsheen in der Grafschaft Clare. Sie geht auf das Jahr 800 n.Chr. zurück.*

Die Insel, die nicht von den Römern erobert wird, endet beim Untergang des Römischen Reiches nicht wie ein Großteil des europäischen Kontinents im Chaos der barbarischen Invasionen, sondern erlebt in religiöser und kultureller Hinsicht eine echte Blütezeit.
Deus ex machina ist St. Patrick, ein junger Sklave, den womöglich gerade ein gälischer Überfall auf die englische Küste ein erstes Mal nach Irland verschlägt, von wo aus er erneut nach Frankreich aufbricht. Dort wird er Mönch und kehrt 432 nach Irland zurück, fest entschlossen, die Insel zu bekehren. Der folgenden großen Verbreitung des Christentums werden keine politischen Widerstände entgegengesetzt: Irland ist das einzige westeuropäische Land, in dem es keine christlichen Märtyrer gibt. Der religiöse Eifer kommt wohl vor allem in der Schöpfung eines feinmaschigen Netzes von Klöstern zum Ausdruck, die zu wahren Hochburgen des Christentums werden. Zahlreiche irische Mönche werden Prediger und Missionare und gründen in ganz Europa religiöse Zentren. Die irische Christianisierung, die in kaum mehr als einem Jahrhundert vonstatten geht, erfolgt im Zeichen der Kultur, denn die irischen Klöster, ein Vorbild für das gebildete Europa der damaligen Zeit, sind vor allem kulturelle Zentren. Der keltischen Kultur allerdings, denn Griechisch und Latein werden nicht gelehrt: In den „Scriptoria" schreiben Mönche, sogenannte Kopisten, kostbare Kodexe der Evangelien, aber auch der Literatur, der Genealogie und des Rechts in die keltische Sprache um. Das *Book of Kells*, Meisterwerk der mit Miniaturen ausgeschmückten Manuskripte der Evangelien, entsteht während dieser Blütezeit gegen Ende des Jahrhunderts.

24 oben links und rechts *Das Book of Kells (8.–9. Jahrhundert) ist eine Abschrift der Evangelien. Sie soll das „schönste Buch der Welt" sein und wird in der Bibliothek des Trinity College verwahrt. Diese prachtvollen Miniaturen zeigen die Jungfrau mit dem Kind (links), und einen reich mit Miniaturen geschmückten Anfangsbuchstaben des Evangeliums nach Matthäus.*

24 Mitte *Die stilisierte Abbildung des heiligen Patrick im Bischofsgewand (er wurde 432 zum Bischof geweiht): Im Hintergrund eine Seelandschaft, die die Grafschaft Mayo kennzeichnet, in der sich der Croagh Patrick, der dem Heiligen gewidmete Berg, befindet. Von hier aus verjagte Patrick die Schlangen, Symbole des Bösen, von der Insel (auf der Abbildung sieht man den Heiligen, dessen Fuß eine Schlange zertritt).*

24 unten *Das Kreuz von Muiredach (10. Jahrhundert), eins der drei großen Kreuze des Klosters von Monasterboice in der Grafschaft Louth. Seit 1000 Jahren perfekt erhalten, erzählt das steinerne Kreuz in feinster Reliefarbeit Szenen aus der Bibel – Adam und Eva, Kain und Abel, die Anbetung der Könige, David und Goliath – und die Passion Christi.*

25 *Auch diese prachtvolle Miniatur illustriert das Matthäusevangelium, mit dem Bild Jesu in der Mitte, der das Buch der Engel in den Händen hält.*

26 links Aus der Zeit der Landung der aus Dänemark kommenden Wikinger in England und Irland im 9. Jahrhundert stammt diese Miniatur. Die ersten Streifzüge der Wikinger, die das Kloster von Iona an der schottischen Küste zum Ziel hatten, gehen auf das Jahr 795 zurück. Später, um 841, ließen sie sich auch an der irischen Küste nieder und gründeten die ersten Städte, Dublin und Waterford.

26 rechts Der irische Held Brian Boru (941–1014), der sich 976 des Reichs von Munster bemächtigt und dem Clan O'Neill die Macht entrissen hatte, widersetzte sich 1002 den Wikingern und besiegte sie 1014 in Clontarf, nah bei Dublin; doch fand er noch am gleichen Abend auf dem Schlachtfeld den Tod, denn er wurde hinterrücks in seinem Zelt ermordet.

*27 **oben** Richard de Clare, der wegen seiner Kraft Strongbow (starker Bogen) genannte Herzog von Pembroke, hier mit seinem Bruder. Es war Strongbow, der 1169 die Verteidigung gegen die anglonorman nische Invasion Irlands anführte.*

Ein heiliges, gebildetes Irland, das bei der Ankunft der Dänen und Wikinger im 9. Jahrhundert einen schweren Rückschlag erlebt: Die grobschlächtigen, kriegerischen Völker zerstören die Klöster. Sie gründen aber auch die ersten richtigen Städte wie Dublin, Waterford, Limerick und unterrichten die Iren in der Seefahrt und in der Metallverarbeitung. Erst 1014 werden die Invasoren überwältigt, als die Truppen von Brian Boru, König von Irland, die Wikinger in der Schlacht von Clontarf besiegen. Doch die Freiheit währt nicht lange: 1169 wird die Insel von den Anglonormannen erobert. Sie werden von Graf Richard Pembroke „Strongbow" angeführt, den der König von England, Heinrich II., entsandt hatte. 1175 wird zwischen dem englischen König und dem irischen „ard-ri" O'Connor der Vertrag von Windsor geschlossen: Dem irischen König steht das Reich Dublin und die umliegende Region zu, während die normannischen Barone ihre Besitztümer auf der Insel ungehindert erweitern dürfen, was dazu führt, daß sie

*27 **unten** Eine typische Alltagsszene des irischen Adels zur Zeit der anglonormannischen Kolonisation (12.–13. Jahrhundert). Ein Essen im Freien, das die einfachen Sitten der einheimischen Herren verdeutlicht. Die Figur des Barden, des Sängers und Harfenspielers der keltischen Tradition (unten rechts), war allgegenwärtig. Er sollte später als Symbolgestalt der irischen Freiheit lange von den englischen Herrschern verfolgt werden.*

1250 bereits zwei Drittel Irlands ihr eigen nennen können. Entstehende familiäre Bindungen und die allmähliche Übernahme bodenständiger Bräuche überzeugen den König von England von der Notwendigkeit, 1366 durch das Gesetz von Kilkenny die Ehe zwischen Normannen und Iren und die Verwendung des Gälischen zu verbieten. Es gelingt ihm jedoch de facto nicht, die Assimilierung zu verhindern, obgleich seitens der Engländer, von den Feldzügen Richards II. zwischen 1394 und 1399 bis zu den gesetzlichen Interventionen Heinrichs VII. im Jahr 1494, die die irische Legislatur der englischen unterstellt, erheblicher Druck ausgeübt wird.

Die Normannen verändern das Land tiefgreifend. Ihnen sind die unzähligen Schlösser und Kirchen der Insel zu verdanken, um die herum Städte und Marktflecken entstehen. Aber die Ressourcen Irlands landen allzu häufig in England, und womöglich nimmt das „irische Problem" gerade hier seinen Anfang. Auch weil der Druck der Engländer, namentlich unter Heinrich VIII. und nach dem Sieg der Reformation in England, ständig zunimmt.

Der König beginnt mit einer systematischen Unterdrückung des irischen Katholizismus, die sich durch die Abschaffung der Klöster (1539) auszeichnet und mit einer Kolonialpolitik einhergeht, die die Enteignung der besten Ländereien katholischer Grundbesitzer zugunsten der Engländer vorsieht. 1541 läßt Heinrich VIII. sich vom ersten irischen Parlament als erster König Irlands und Oberhaupt der irischen Kirche ausrufen, wodurch die Voraussetzungen für die Religionskriege des Landes geschaffen werden und jene Spaltung zwischen Katholiken und Protestanten entsteht, die so verheerende Folgen haben sollte. Die Vergabe des beschlagnahmten Landes an protestantische, englische und schottische Siedler wird unter der Herrschaft von Elisabeth I. mit großer Entschiedenheit weiter betrieben, und jeder Versuch, sich dagegen aufzulehnen, schlägt fehl. Die Adligen von Ulster verbünden sich sogar mit Spanien, um die Engländer zu schlagen, werden indes 1601 in der Schlacht von Kinsale endgültig besiegt und müssen das Land verlassen: Diese sogenannte „Flucht der Grafen" findet 1601-1607 statt. Die Ankunft Oliver Cromwells und seiner „Eisenköpfe" schließlich stellt für die Iren eine echte Tragödie dar: Städte und Schlösser werden dem Erdboden gleichgemacht, der irische Widerstand völlig gebrochen. Der Act of Settlement von 1652 sanktioniert die Enteignung von drei Vierteln des Besitztums der Katholiken. Den Iren bleibt nur Connaught, das karge Land westlich von Shannon.

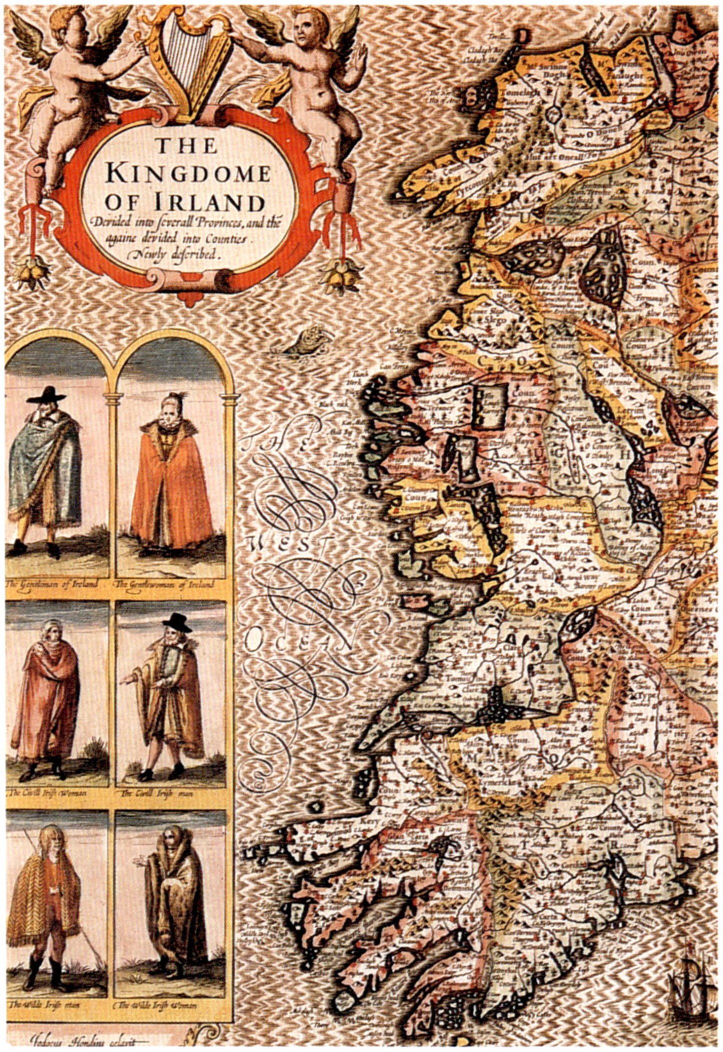

28 Das irische Reich nach einer Karte von 1616. Interessant ist die Darstellung der Gesellschaftsklassen in den Figuren des Edelmanns (und der Edelfrau), des Bürgers und des „Wilden", des Bauern, der auf dem Land lebt.

28–29 Das Gemälde von Charles Louis Muller (19. Jahrhundert), das im Museum der Schönen Künste von Lyon aufbewahrt wird, zeigt die Ächtung der irischen Katholiken durch Oliver Cromwell (1655). Er beschlagnahmte zwei Drittel der Ländereien der irischen Grundbesitzer und ließ Jugendliche als Sklaven auf die englischen Antillen bringen.

29 links oben *Bildnis Heinrichs VIII. (1491–1547) von Hans Holbein, 1540. Mit dem Reich Heinrichs VIII. und der Suprematsakte, mit der der Herrscher Oberhaupt der Kirche von England wurde, begann die Zeit der schlimmsten Unterdrückung des irischen Katholizismus, mit der eine unerbittliche Kolonialpolitik einherging.*

29 oben rechts *Die repressive Politik verschlimmerte sich unter Oliver Cromwell (1599–1658) noch erheblich. Berüchtigt waren die Massaker der englischen „Eisenköpfe", die Schlösser und Städte dem Erdboden gleichmachten, und die grausame Politik der Bodenenteignungen, die den Iren nur die öden, kargen Lande von Connaught ließ.*

30 Die Protagonisten des sogenannten „Jakobitenkriegs": Jakob II. (1633–1701), katholischer Absolutist (Bild unten) und sein Schwiegersohn Wilhelm von Oranien (1650–1702), Protestant, der durch die Revolution von 1688 die Macht errang und seinen Schwiegervater entthronte. Jakobs verzweifelter Versuch, sich ihm mit seinen Getreuen entgegenzustellen, mißlang, und er wurde am 11. Juli 1690 in der Schlacht am Fluß Boyne endgültig besiegt.

30–31 In der Schlacht am Fluß Boyne standen die 30.000 Soldaten von Jakob II., der auch durch ein französisches Kontingent unterstützt wurde, den 36.000 Männern von Wilhelm von Oranien gegenüber, die bald die Oberhand gewannen. In diesem kriegerischen Gemetzel starben 1500 Soldaten Jakobs II. und 500 des Heers von Wilhelm.

***31 oben** Einen Tag nach der Schlacht verließ Jakob II., der endgültig jede Hoffnung verloren hatte, den Thron wiederzuerringen, Irland und brach nach Frankreich auf, wo er bereits nach der Revolution von 1688 Zuflucht gefunden hatte (Bild links), während Wilhelm von Oranien und seine Gemahlin Maria, Tochter von Jakob II. (Bild rechts), als Herrscher anerkannt wurden. Zwar war die Glaubensfreiheit gesichert, doch gingen die irischen Katholiken dafür praktisch jedes politischen Rechts verlustig.*

Der Katholik Jakob II. Stuart setzt alles auf die Schlacht von Boyne, um den englischen Thron zu erringen, wird aber durch den Protestanten Wilhelm III. von Oranien, der seit 1689 in England regierte, geschlagen. Nach der endgültigen Kapitulation wird den Iren zwar das Recht auf religiöse, nicht aber auf politische Freiheit zugestanden. Nicht nur können sie nicht gewählt werden, sie dürfen auch selbst nicht wählen. Justiz, Heer und Lehrtätigkeit sind ihnen verwehrt. Sie dürfen kein Land erwerben. Irische Sprache und Musik sind verboten. Diese tiefgreifenden Eingriffe machen Irland endgültig zu einer Kolonie: Die Insel darf nur mit dem Mutterland Handel treiben. Die Wirtschaft steht bald am Rand des Zusammenbruchs, und die Hungersnot von 1740 tut den Rest. Dies sind die Jahre, in denen Jonathan Swift mit seinem „Bescheidenen Vorschlag" und den übrigen sozialkritischen Satiren eine dramatische Realität brandmarkt. Ein paar Errungenschaften sind unterdes zu verzeichnen: Die Handelsfreiheit wird 1799 wieder hergestellt, und 1783 wird dem Parlament gesetzliche Unabhängigkeit zugestanden.

Im Zeitalter der Aufklärung und der Volkserhebungen erhitzen der amerikanische Unabhängigkeitskrieg und die Französische Revolution die Gemüter der Iren. Es enstehen Parteien wie die *United Irishmen*, die vom Rechtsanwalt Theobald Wolfe Tone gegründet wird, um die antikatholischen Diskriminierungen abzuschaffen, doch versuchte Volksaufstände schlagen fehl. 1800 wird das irische Parlament aufgelöst und Irland von England annektiert.

32 oben Zwischen 1845 und 1847 vernichtete ein Parasit die Kartoffeln, einziges Nahrungsmittel der Landbevölkerung. Die daraus folgende verheerende Hungersnot verursachte mindestens eine Million Tote und ließ einer weiteren Million Iren keinen anderen Ausweg als die Emigration.

32 unten Das eiserne Regiment der Engländer über die Iren wurde auch durch die Hungersnot nicht gelockert. Hier ein Bild der Vertreibungen bäuerlicher Familien, die während des 19. Jahrhunderts anhielten und gegen die Vereinigungen wie die Tenant League sich zur Wehr setzten, und um die ein richtiger „Land War" (1879–1882) geführt wurde.

32–33 Die Verhältnisse, unter denen die irischen Bauern leben mußten, waren im übrigen extrem hart: Das Gemälde von Erkine Nicol, das in den Sheffield Art Galleries aufbewahrt wird, zeigt das Innere einer ärmlichen Hütte.

33 oben links Einer der ersten, der die irische Sache und die Notwendigkeit einer Landreform vertrat, war der Rechtsanwalt Theobald Wolfe Tone, der als Vater des Republikanismus gilt und 1789 eine Revolte anstiftete. Er wurde jedoch verhaftet und schnitt sich im Gefängnis am Tag seiner Hinrichtung die Kehle durch; er starb nach einer Woche qualvoller Agonie.

33 oben rechts Daniel O'Connell (1755–1847) kämpfte sein Leben lang für die Rechte der irischen Katholiken, die Landreform, das Ende der englischen Privilegien. Er wurde verhaftet und verurteilt, errang indes dank einer Wiederaufnahme des Verfahrens die Freiheit. Doch verlor er später selbst bei seinen Partisanen an Glaubwürdigkeit. Ein Jahr nach seinem Rückzug aus dem politischen Leben 1846 starb er während einer Wallfahrt nach Rom.

In den ersten Jahren des 19. Jahrhunderts werden die Grundlagen für die künftigen revolutionären Umtriebe geschaffen: 1823 entsteht der von Daniel O'Connell gegründete Bund, der für die Rechte der Katholiken kämpft, und erringt einen ersten Erfolg mit dem Gleichstellungsvertrag von 1829, der mit den schlimmsten Diskriminierungen aufräumt. Doch dann bricht 1845 die verheerende Hungersnot aus. Ein Schädling, der die Kartoffel, Hauptnahrungsmittel der ärmeren Leute, befallen hat, zerstört die Ernte. Durch Hunger und Krankheiten sterben mehr als eine Million der Acht-Millionen-Bevölkerung, mindestens eine Million der überlebenden Iren suchen ihr Heil in der Emigration, vor allem in Amerika. Auch in den darauffolgenden Jahren scheint die Flucht aus der Heimat die einzig mögliche Lösung zu sein. Anfang dieses Jahrhunderts ist die Bevölkerung auf 4 Millionen geschrumpft. Doch es folgen weitere politische Initiativen. 1858 wird die Bewegung der *Irish Republican Brotherhood* für die Unabhängigkeit Irlands gegründet, und 1870 entsteht die *Home Rule Party*, deren Führer Charles Parnell wird, der wenige Jahre später in einen Ehebruchskandal verwickelt und gezwungen wird, sich ganz aus der Politik zurückzuziehen.

***34 oben** Die Spannungen spitzten sich ab der Mitte des 19. Jahrhunderts weiter zu. 1848 wurde ein vom Jungen Irland organisierter Aufruhr in Dublin von den Engländern brutal unterdrückt: eine Geschichte, die sich im Lauf der von der Land League organisierten Demonstrationen ständig wiederholen sollte.*

***34–35** Auch in Limerick, im Oktober des Jahres 1881, organisierte die Land League einige große Demonstrationen. Kern des Problems blieb die verwaltungsrechtliche Autonomie, die Home Rule. Sie wurde zum Hauptziel der Parlamentspartei.*

35 ***oben*** *Führer der Parlamentspartei seit 1884 war Charles Stewart Parnell, hier bei einer Parteiversammlung von 1886.*

35 ***Mitte*** *Der Kampf um die Home Rule wurde indes nicht von allen gebilligt: Gegen die Partei Parnells opponierte zum Beispiel die Unionspartei, und auch gegen die Home Rule wurde demonstriert, wie man auf dem Bild sehen kann.*

35 ***unten*** *Die Lage war äußerst angespannt, und häufig blieb kein anderer Ausweg als die Emigration: Vom Hafen von Liverpool brachen Schiffe voll Iren vor allem nach Amerika auf. In den ersten Jahren des 20. Jahrhunderts hatte sich die Bevölkerung der Insel halbiert: Sie war von acht auf vier Millionen Einwohner geschrumpft.*

36 oben *Dublin im 19. Jahrhundert. Auf dem Bild sieht man das im neoklassizistischen Stil gehaltene Post Office, wie es gleich nach seiner Errichtung 1814–1816 aussah. Ganz in der Nähe die Säule zu Ehren von Admiral Nelson in der damaligen Sackville Street.*

36–37 *Auf diesem Stahlstich (koloriert um 1850) von Charles Cousen nach einer Zeichnung von William H. Bartlett kann man die Ruinen der St. Patrick's Cathedral, der Cormac's Chapel und des Palasts der Könige von Munster in Cashel, einem kleinen Städtchen in der Grafschaft Tipperary, sehen.*

37 oben links *Die Säule zu Ehren von Admiral Nelson in Dublin.*

37 oben rechts *Der massige Bau der Rotunda, die Mitte des 18. Jahrhunderts für wohltätige Zwecke von Richard Castle errichtet wurde. Hier wurden Schauspiele, Konzerte und Opern aufgeführt. Der Erlös diente der Entbindungsanstalt des Doktor Mosse, dem 1751 errichteten ersten öffentlichen Hospital dieser Art der Britischen Inseln. Auf dem Bild kann man erkennen, wie der heutige Parnell Square, der damals Rutland Square hieß, gegen Ende des 18. Jahrhunderts aussah: ein Gartengelände, das die Dubliner High Society häufig aufsuchte.*

37 unten rechts *Dieses Gemälde von T. D. Roberts (1800) zeigt das Schloß von Dublin, wie es erschien, bevor die hauptsächlich im 19. Jahrhundert hinzugekommenen Anbauten sein ursprüngliches Aussehen als trutzige normannische Festung veränderten. Der Bau wurde zu verschiedenen Zeiten, vornehmlich jedoch im 18. Jahrhundert, ausgebaut und verschönert.*

38 oben Die Geschichte des 20. Jahrhunderts begann in Irland im Zeichen eines entschlossenen Kampfs für die Unabhängigkeit. Auf dem Foto die Beerdigung des Bürgermeisters von Cork, Terence MacSwiney, der nach 76 Tagen Hungerstreik für die Unabhängigkeit der Insel starb. Cork war Hochburg des Widerstandes.

38 unten Auf diesem Foto ist Dublin während der Osterrevolte von 1916, die von irischen Nationalisten angeführt wurde, zu sehen. Im Vordergrund der Sitz des Freeman's Journal in der Prince's Street.

Die frühen Anfänge unseres Jahrhunderts stehen im Zeichen des Unabhängigkeitskampfes. 1905 wird eine neue nationalistisch-republikanische Bewegung gegründet, *Sinn Féin* (auf gälisch: wir selbst). Das englische Parlament erkennt 1912 endlich die *Home Rule* an, die verwaltungsrechtliche Autonomie, jedoch kommen durch den ersten Weltkrieg die Verhandlungen zum Stocken. Die irischen, an *Sinn Féin* gebundenen Aktivisten nutzen die Gunst der Stunde, um eine Revolte anzuzetteln: Ostern 1916 wird das Hauptpostamt von Dublin besetzt und die Provisorische Regierung Irlands ausgerufen. Doch die Briten schlagen den Aufstand nieder, mehrere Anführer werden hingerichtet. 1918 gewinnt die *Sinn Féin* unter der Führung von Eamon de Valera die Wahlen. Die Männer der *Sinn Féin* weigern sich indes, im Londoner Parlament zu sitzen und gründen 1919 eine irische Volksvertretung in Dublin, die *Dáil Éireann*. Nach zwei Jahren Unabhängigkeitskrieg, irischerseits besonders getragen von der *Irish Republican Army* (IRA), erkennt England die Unabhängigkeit Irlands an (1921). Es kommt jedoch zur Teilung des Landes: Die 26 katholischen Grafschaften werden zum Freistaat Irland, die sechs Grafschaften des Nordens mit einer überwiegend protestantischen Bevölkerung bleiben aber weiter-

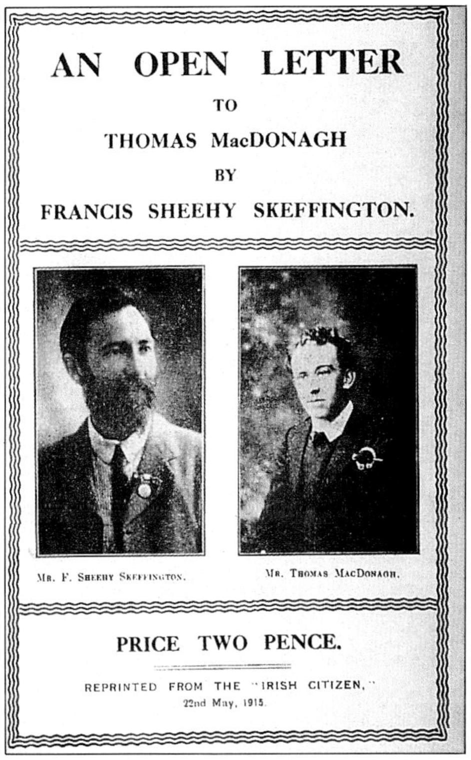

AN OPEN LETTER

TO

THOMAS MacDONAGH

BY

FRANCIS SHEEHY SKEFFINGTON.

MR. F. SHEEHY SKEFFINGTON. MR. THOMAS MacDONAGH.

PRICE TWO PENCE.

REPRINTED FROM THE "IRISH CITIZEN," 22nd May, 1915.

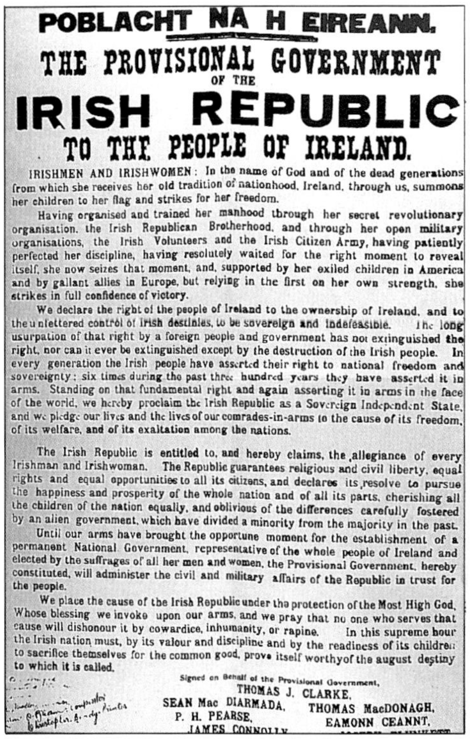

POBLACHT NA H EIREANN.

THE PROVISIONAL GOVERNMENT OF THE

IRISH REPUBLIC

TO THE PEOPLE OF IRELAND.

IRISHMEN AND IRISHWOMEN: In the name of God and of the dead generations from which she receives her old tradition of nationhood, Ireland, through us, summons her children to her flag and strikes for her freedom.

Having organised and trained her manhood through her secret revolutionary organisation, the Irish Republican Brotherhood, and through her open military organisations, the Irish Volunteers and the Irish Citizen Army, having patiently perfected her discipline, having resolutely waited for the right moment to reveal itself, she now seizes that moment, and, supported by her exiled children in America and by gallant allies in Europe, but relying in the first on her own strength, she strikes in full confidence of victory.

We declare the right of the people of Ireland to the ownership of Ireland, and to the unfettered control of Irish destinies, to be sovereign and indefeasible. The long usurpation of that right by a foreign people and government has not extinguished the right, nor can it ever be extinguished except by the destruction of the Irish people. In every generation the Irish people have asserted their right to national freedom and sovereignty; six times during the past three hundred years they have asserted it in arms. Standing on that fundamental right and again asserting it in arms in the face of the world, we hereby proclaim the Irish Republic as a Sovereign Independent State, and we pledge our lives and the lives of our comrades-in-arms to the cause of its freedom, of its welfare, and of its exaltation among the nations.

The Irish Republic is entitled to, and hereby claims, the allegiance of every Irishman and Irishwoman. The Republic guarantees religious and civil liberty, equal rights and equal opportunities to all its citizens, and declares its resolve to pursue the happiness and prosperity of the whole nation and of all its parts, cherishing all the children of the nation equally, and oblivious of the differences carefully fostered by an alien government, which have divided a minority from the majority in the past.

Until our arms have brought the opportune moment for the establishment of a permanent National Government, representative of the whole people of Ireland and elected by the suffrages of all her men and women, the Provisional Government, hereby constituted, will administer the civil and military affairs of the Republic in trust for the people.

We place the cause of the Irish Republic under the protection of the Most High God, Whose blessing we invoke upon our arms, and we pray that no one who serves that cause will dishonour it by cowardice, inhumanity, or rapine. In this supreme hour the Irish nation must, by its valour and discipline and by the readiness of its children to sacrifice themselves for the common good, prove itself worthy of the august destiny to which it is called.

Signed on Behalf of the Provisional Government,

THOMAS J. CLARKE,
SEAN Mac DIARMADA, THOMAS MacDONAGH,
P. H. PEARSE, EAMONN CEANNT,
JAMES CONNOLLY

*39 **oben links*** *Der offene Brief, den der Journalist Francis Sheehy Skeffington dem Anführer der Patrioten, Thomas MacDonagh, schickte, um seine Solidarität mit der irischen Sache zum Ausdruck zu bringen. Obgleich politisch eher moderat, wurde Skeffington verhaftet und während der Revolte ohne Prozeß erschossen.*

*39 **rechts*** *Straßenbarrikaden im April 1916 in Dublin; auf dem Foto oben sieht man englische Soldaten in der Talbot Street; unten ist das verwüstete Stadtzentrum in der Nähe der O'Connell Bridge abgebildet.*

*39 **unten links*** *Das von der provisorischen Regierung der irischen Unabhängigkeitskämpfer am 23. April 1916 gedruckte Plakat, das die Republik Irland proklamiert.*

***40 oben** Eamon de Valera (1882–1975), nachdem er als Anführer der Irish Volunteers die Wahlen von 1918 gewonnen hatte.*

***40 unten** Auf das Wahljahr 1918 folgten spannungsgeladene Jahre, in denen die Sinn Féin die Oberhand gewann und die militärische Kontrolle der Engländer zunahm.*

hin Teil des Vereinigten Königreichs. Ein Teil der *Sinn Féin* ist indes mit dem anglo-irischen Vertrag nicht einverstanden, und so kommt es 1922/23 zum bewaffneten Widerstand der Vertragsgegner gegen die Regierung. Die Auseinandersetzung endet mit dem Sieg der Regierung, kostet aber etliche Menschenleben. Die Befürworter des Vertrages schließen sich in der Partei *Fine Gael* („Familie der Iren“) zusammen, die Gegner bilden ab 1926 die Partei *Fianna Fáil* („Schicksalskameraden“) unter der Führung von de Valera. Nach dem Wahlsieg der *Fianna Fáil* über *Fine Gael* wird Eamon de Valera 1932 Ministerpräsident. 1937 tritt eine neue Verfassung in Kraft. Sie erklärt Irland zu einem souveränen, unabhängigen, demokratischen Staat mit dem amtlichen Namen „Éire“. Irland bekommt einen Staatspräsidenten. 1949 wird die Republik Irland ausgerufen, gleichzeitig tritt Irland aus dem Commonwealth aus. 1973 tritt die Republik Irland der Europäischen Gemeinschaft bei. Die Lage des geteilten Landes ist auch heute noch problematisch, jedoch scheint die Lösung des Konflikts durch die engagierten Friedensbemühungen der britischen und irischen Regierung, in die auch die politischen Parteien Nordirlands einbezogen wurden, mittlerweile möglich.

Das größte Problem des Nordens hängt mit der politischen und bürgerrechtlichen Vorherrschaft zusammen, die die Protestanten seit der Teilung Irlands ausüben. Der katholischen Minderheit in Ulster (die immerhin etwa 40% der Bevölkerung ausmacht) gewährte die englische Regierung lange Zeit praktisch keine Zugeständnisse: Diskriminierung bei der Wahl, bei der Zuweisung von

41 *Nach dem Wahljahr 1919 weigerten sich die Abgeordneten der Sinn Féin, im Parlament von Westminster Platz zu nehmen. Ab 21. Januar 1919 (oben) traten sie in der Versammlung Irlands (Dáil Éireann) zusammen. Mit dem Londoner Vertrag (Mitte) wurde der Freie Staat, der Irish Free State, gegründet, den die Republikaner nicht anerkannten, weil er ihnen weder die Unabhängigkeit noch die Einheit zugestand. Im Bild unten eine überfüllte Versammlung des Dáil Éireann im schicksalhaften Jahr 1921: Eamon de Valera ergreift das Wort (stehend, links vom Vorsitz).*

Wohnungen und Arbeitsstellen, bei der Ausbildung. Darauf beruhen die eigentlichen Ursachen des Konflikts. Die IRA, die *Irisch Republikanische Armee*, setzt sich in den 50er und 60er für die Rechte der Katholiken ein. Die eigentlichen Jahre des Terrorismus beginnen indes erst ab 1970. Unzählige Demonstrationen der katholischen Minderheit werden mit Gewalt von der britischen Armee zerschlagen: Die dramatischste Episode findet am 30. Januar 1972 statt, dem sogenannten „Bloody Sunday“ (Blutiger Sonntag), als die englischen Truppen in Derry in die Menge schießen und 13 Menschen sterben. Die Verhaftung der katholischen Militantin Bernadette Devlin, der Hungerstreik von Bobby Sands, des jungen katholischen Abgeordneten, der 1981 zusammen mit neun anderen politischen Gefangenen stirbt, sind weitere Etappen eines traurigen Bürgerkriegs.

Auf der anderen Seite die zahllosen, oft aufsehenerregenden Attentate der IRA, vom Mord an Lord Mountbatten im Jahr 1979 bis zur anläßlich des Kongresses der Konservativen Partei 1984 in London explodierten Bombe, die nur knapp die damalige Premierministerin Margaret Thatcher verfehlt und fünf Men-

schen tötet, und den elf Toten von 1987 im Lauf einer Gedenkfeier in Enniskillen.

Als Antwort auf die IRA entstehen auch bei den Protestanten terroristische Organisationen wie die UDA (Ulster Defence Association) und UVF (Ulster Volunteer Force): Die Gewalt nimmt kein Ende, während sich bei den Parteien die Konfrontation zwischen den englandfreundlichen Unionisten und der mit der IRA sympathisierenden *Sinn Féin* zuspitzt, die auf die Vereinigung mit Éire setzt.

1993 erlärten sich Irland und Großbritannien erstmals zur Beteiligung der IRA an Gesprächen bereit, falls diese von weiteren Gewaltanschlägen absehe. 1994 schien dann die Zeit der Terroranschläge vorbei: Die IRA verkündete einen einseitigen Waffenstillstand, dem sich dann einige Wochen später schließlich auch die beiden protestantischen Terrorgruppen anschlossen.

Der Friedensprozeß schien nun nicht mehr aufhaltbar zu sein. 1995 legten Irland und Großbritannien ein Rahmenabkommen vor, das das Selbstbestimmungsrecht für Nordirland vorsieht. Die irische Regierung hob den seit 56 Jahren geltenden Ausnahmezustand auf.

Auch wenn die Lösung des Konflikts zwischen Éire und Nordirland heute, nach den offiziell am 9. März 1995 unterzeichneten Friedensverträgen, in greifbare Nähe gerückt zu sein scheint, stellt die IRA, der bewaffnete Arm der irischen Revolte, weiterhin eine unbekannte Größe dar. 1996 kehrte die IRA mit einem Anschlag im britischen Manchester zum Terror zurück. Der Angst, daß sich der Frieden als flüchtige Episode erweisen könnte, daß die IRA und die protestantischen Terrorgruppen mit neuen Gewaltanschlägen die friedliche Zukunft in Frage stellen könnten, steht nun die Hoffnung auf eine dauerhafte, friedliche Lösung und ein Zurückfinden zur Normalität gegenüber.

42 Bilder des schwierigen Zusammenlebens zweier offiziell 1921 gegründeter irischer Staaten. Spannungen, die besonders in den 70er Jahren in Gewalt endeten. In diese Zeit fielen die schlimmsten Attentate der IRA mit den härtesten Reaktionen seitens der britischen Armee.
Vielsagende Bilder: Straßenkämpfe in Belfast um 1970, bei denen Steine geworfen werden (oben). Vor den Barrikaden mit Stacheldraht (in der Mitte) sieht man die Royal Marines auf der Crumlin Road (Belfast). Auf dem Foto unten sind Frauen zu sehen, die 1970 in Belfast für die Bürgerrechte demonstrieren und von Soldaten mit Knüppeln bedroht werden.

43 links und rechts unten *Die Bomben der IRA konzentrierten sich häufig auf öffentliche Gebäude in London. Hier sind die Auswirkungen der Attentate vom 10. April 1992 zu sehen.*

43 rechts oben *Eine Wahlveranstaltung in Dublin mit Bernadette Devlin, katholische Militantin und Symbolfigur der IRA, die ins Londoner Parlament gewählt und 1970 verhaftet wurde.*

44 *Heute scheinen zahlreiche Bilder einer Vergangenheit anzugehören, die man am liebsten möglichst schnell vergessen möchte. In Derry beschwören die großen Wandbilder des katholischen Bezirks eine der brutalsten Episoden des Konflikts herauf, den blutigen Sonntag des 30. Januar 1972, als das englische Heer in die demonstrierende Menge schoß und 13 Menschen tötete.*

45 links *In Belfast sind die Wandbilder, die die IRA und den bewaffneten Kampf feiern, auf die westlichen Viertel konzentriert: Auf dem Foto ein paar Beispiele, oben von den Mauern von Canmore Street, Ecke Shankill Road, und unten an einem alten Haus des katholischen Bezirks von Falls Road.*

45 rechts *Die offiziell im März 1995 unterzeichneten Friedensverträge, die mit Begeisterung und Zuversicht von all denjenigen begrüßt worden waren, die endlich den Frieden wollten (das kleine Mädchen schwenkt während der Feiern anläßlich des Friedensvertrags vom 9. März 1995 die irische Fahne, und „We want peace", wir wollen Frieden, steht auf dem von den Frauen gehaltenen langen Plakat) scheinen schon vergessen: Die IRA hat die Strategie der Attentate wieder aufgenommen, sehr zum Mißfallen der politischen Anführer wie Gerry Adams (Foto in der Mitte).*

DIE INSEL DER SCHRIFTSTELLER

Die Vitalität des irischen Kulturpanoramas erhielt zuletzt durch den Nobelpreis für Literatur 1995 an Seamus Heaney, geboren 1939 in Nordirland, eine bedeutende Anerkennung.
Daß Irland ein Land der Schriftsteller ist, ist nichts Neues. Nicht von ungefähr erhielten verschiedene irische Autoren, von George Bernard Shaw über William Butler Yeats bis Samuel Beckett, den Nobelpreis. Und neben der großen Literatur existiert eine Welt von Populärliteratur, die auf die antiken keltischen Ursprünge zurückgeht. Geschichten von Zauberern und Elfen, von Kriegen und Leidenschaften, die oftmals auch in christlicher Lesart überarbeitet werden. Märchen und Sagen der Barden, die Yeats mit unendlicher Geduld gesammelt hatte. Um Irland zu „deuten" und in das mythische Empfinden einzudringen, sollte man hier ansetzen, bei den irischen Fabeln von Yeats, um dann zu einer unglaublichen Anzahl großer Schriftsteller überzugehen. Jonathan Swift, der Autor von *Gullivers Reisen*, stammte aus Dublin und war von 1713 bis zu seinem Tod 1745 Dechant der Kathedrale St. Patrick von Dublin. Sein gesamtes Werk, von den ersten Satiren bis zu Gullivers Reisen, ist eine bittere Anklageschrift gegen die wirtschaftliche Unterdrückung der Iren durch die Engländer. Sozialkritische Literatur, aber auch Liebeslyrik, die Swift seiner Schülerin Esther Johnson, in Gedichten mit dem Namen Stella besungen, widmete.

46 *Zwei der Nobelpreise für Literatur, deren sich Irland rühmen darf: William Butler Yeats (1865–1939) erhielt die begehrte Auszeichnung 1923 (Bild oben); George Bernard Shaw (1856–1950) wurde 1925 mit dem Nobelpreis geehrt (Bild unten).*

47 *James Joyce (1882–1941) – oben – und Samuel Beckett (1906–1989) – unten. Beide wählten über eine längere Phase ihres Lebens Paris als Nährboden ihrer Kreativität. Joyce arbeitete 17 Jahre lang, von 1922 bis 1939, in der französischen Hauptstadt an seinem Werk „Finnegan's Wake". Beckett ließ sich 1932 fest in Paris nieder, wo er bereits nach Beendigung seines Studiums gearbeitet hatte. Er lebte bis zu seinem Tod in Paris und liegt dort auch begraben.*

Früher oder später jedoch, als folgten sie einem bewährten Drehbuch, siedeln die meisten irischen Schriftsteller auf der Suche nach Ansehen und Erfolg nach England über. Und für alle wird jenes Irland, das zu eng für den Ruhm scheint, schmerzliche Erinnerung und lebenslange Nostalgie, in einer Art, die bei einigen Autoren – zum Beispiel Joyce und Beckett – zu einer quälenden, ungelösten Haßliebe wird. Gebürtiger Ire und späterer Engländer ist zum Beispiel Oliver Goldsmith, der Verfasser von *Der Vikar von Wakefield*, der wie der irische Theaterschriftsteller Richard Brinsley Butler Sheridan in Armut in London verstirbt. Auch Oscar Wilde, der exzentrische Dandy-Schriftsteller, Autor von *Das Bildnis des Dorian Gray*, *Happy Prince* und zahlreicher Theaterstücke, verläßt Dublin, wo er 1856 geboren wurde, und zieht nach England. Doch warten hier nach anfänglichen Erfolgen nur Enttäuschungen und Widrigkeiten auf ihn, einschließlich eines Gefängnisaufenthalts nach einer Verurteilung wegen Homosexualität. Später zieht Wilde nach Paris, wo er 1900 stirbt. George Bernard Shaw wird 1856 in Dublin in der Synge Street geboren (sein restauriertes Geburtshaus kann besichtigt werden). Sein Vater ist ein eher dem Alkohol denn dem Handel ergebener Kaufmann. Seine Mutter verläßt die Familie 1872 und zieht nach London. George folgt ihr vier Jahre später und beginnt zu schreiben, anfangs glücklos. Er arbeitet als Literatur- und Kunstkritiker bei verschiedenen Zeitungen, bis er als Theaterschriftsteller Erfolg hat und ihm 1925 sogar der Nobelpreis für Literatur zugesprochen wird. Aus *Pygmalion*, seinem bekanntesten Werk, wird 1956, sechs Jahre nach dem Tod des Dichters, das Musical *My Fair Lady*. Die enormen Einnahmen aus den Urheberrechten für den Stoff fielen der National

Gallery von Dublin zu, die Shaw testamentarisch bedacht hatte. Anders erging es William Butler Yeats, der 1880 von London, wo sich seine Familie gleich nach seiner Geburt im Jahr 1865 niedergelassen hatte, nach Dublin zurückkehrte. Eine Heimkehr, die den Anfang einer frühen literarischen Karriere darstellt. Sein Werk wird außer durch Symbolismen und starke mystische und esoterische Gehalte durch die mythenschweren und legendären Überlieferungen seines Landes geprägt. Sie werden vor allem in den *Irischen Märchen* zum Leben erweckt. Über die nationale Literatur findet Yeats zur nationalen Sache, der er sich aktiv verschreibt. Beeinflußt durch die Persönlichkeit von Maud Gonne, einer glühenden Verfechterin der irischen Sache und seine große, unerfüllte Liebe (sie weigerte sich, ihn zu heiraten, er widmete ihr zahlreiche Liebesgedichte), tritt Yeats der Irish Republic Brotherhood bei und unterstützt die revolutionären Bewegungen, unter anderem die Osterrevolte von 1916. Nicht nur gebürtiger, sondern auch Wahlire, beschließt Yeats, in das kleine Schloß Thoor Ballylee im Süden von Galway zu ziehen, und gründet das Irish National Theatre, das er ab 1906 leitet. 1923 erhält er den Literatur-Nobelpreis, im gleichen Jahr wird er zum Senator des neuen irischen Staats gewählt. Er stirbt fern von seinem geliebten Irland, in Roquebrune an der Côte d'Azur, an die er aus gesundheitlichen Gründen umziehen mußte, bittet jedoch vor seinem Tod darum, auf dem kleinen Friedhof von Drumcliffe am Fuß des Berges Benbulben in der Grafschaft Sligo begraben zu werden, wo er als Kind seine Ferien bei den Großeltern verbrachte.

Komplexer und konfliktreicher ist die Beziehung, die James Joyce mit seiner Geburtsstadt Dublin verbindet, wo er die Universität besucht und seine literarische Karriere beginnt. Wegen der Schwierigkeiten, eine feste Anstellung zu finden, verläßt er die Stadt und das Land jedoch bald zusammen mit seiner in Galway geborenen Frau Nora. Paris, Triest (wo er an der Berlitz School Englisch unterrichtet und zu seinen Schülern auch der italienische Schriftsteller Italo Svevo gehört), Rom und vor allem Zürich, wo er 1941 stirbt, sind die Etappen einer fern von der irischen Heimat gelebten, aber gleichzeitig stark von ihr geprägten Existenz, wie die Romane *Dubliners*, *The Portrait of an Artist as Young Man* und vor allem *Ulysses* beweisen. James Joyce sagte einmal selbst über sein Werk und die Beziehung zu Dublin: „Verschwände Dublin eines Tages, man könnte es nach meinem Werk wieder aufbauen." Und an jedem 16. Juni, dem „Bloomsday", zieht der Rundgang zu den Stätten Joycescher Erzählkunst jede Menge Literaturbegeisterte an.

Zwischen Paris und Irland verläuft das Leben von Samuel Beckett, dem wichtigsten Dramatiker der Moderne, 1969 mit dem Nobelpreis ausgezeichnet. 1906 in Foxrock in der Nähe von Dub-

48 Zwei „extreme" irische Literaten. Oben: Seamus Heaney, der 1995 den Nobelpreis für Literatur erhielt. Der nordirische Katholik Heaney wurde 1939 in Mossbawn in der Nähe von Tamniarn (Grafschaft Derry) geboren. Er wurde beeinflußt von den Konflikten der letzten zwanzig Jahre zwischen Protestanten und Katholiken. Unten: Ein Portrait von 1718, heute in der National Portrait Gallery in London zu sehen, zeigt Jonathan Swift (1667–1745), einen der ersten großen irischen Schriftsteller, die in englischer Sprache schrieben. Swift zählt zu den größten Kritikern der ungerechten Behandlung der Iren durch die englische Regierung.

***49 oben** Im literarischen Werk des irischen Dramaturgen und Schriftstellers John Millington Synge (1871–1909) macht sich deutlich dessen langer Aufenthalt auf den Aran-Inseln bemerkbar, zu dem ihm Yeats geraten hatte. Dort fand er eine Welt von uralter Authentizität vor, die er in mythisch anmutende Sprachbilder umsetzte.*

lin geboren, zieht er nach der Erlangung der Doktorwürde am Trinity College nach Paris, kehrt für einige Jahre Lehrtätigkeit nach Dublin und dann erneut nach Paris zurück, wo er von 1932 bis zu seinem Tod 1989 leibt. Mit seinen Stücken *Warten auf Godot* (1953) und *Das letzte Band* (1958), die er auf englisch und französisch verfaßte und auch selbst inszenierte, wurde er zum Begründer des Absurden Theaters.

Doch die irische Literatur besteht auch aus weniger bekannten Namen. Wer weiß zum Beispiel, daß der literarische Vater des 1897 veröffentlichten *Drakula*, Bram Stoker, ein irischer Schriftsteller, Journalist und Theaterschriftsteller war?

Zutiefst „irish" ist auch das Werk von John Millington Synge, einem Dubliner Theaterschriftsteller, der lange Zeit auf den Aran-Inseln verbracht hat: Über sein Leben dort – begonnen, um gälisch zu lernen – hat er einen schönen Band poetischer Memoiren geschrieben (Die *Aran-Inseln*), eine wunderbare Anleitung zum Verständnis des irischen Wesens. Und dann das arme Irland der Arbeiter in den Theaterstücken von Sean O'Casey, die sozialkritischen Romane von Liam O'Flaherty, einem der engagiertesten Verfechter der irischen Sache.

Die Dimension zwischen Satire und Phantasie der Romane von Flann O'Brien, das wilde Leben von Brendan Behan, IRA-Aktivist und Theaterschriftsteller, der 1964 als Alkoholiker stirbt. Die Zähigkeit und Ausdauer von Christopher Nolan, der 1965 mit einer schweren Behinderung geboren wird, dem es jedoch trotzdem gelingt, Dichter und Erzähler zu werden. Mit typischer irischer Dickköpfigkeit.

***49 unten** Die Beziehung Oscar Wildes (1854–1900) zur irischen Realität ist auf seine Jugendjahre beschränkt, in denen der Schriftsteller aus Dublin die Portora Royal School in Enniskillen in der Grafschaft Fermanagh besuchte. Später schrieb er sich am Trinity College ein und ging anschließend nach Oxford, wo er sein humanistisches Studium cum laude abschloß. 1895 wurde er wegen seiner Homosexualität zu zwei Jahren Haft verurteilt. Aus dem Gefängnis entlassen, ging er als gebrochener Mann nach Frankreich und sollte nie wieder nach Irland oder England zurückkehren.*

50 oben *Das Schloß von Blarney aus dem 15. Jahrhundert, unweit von Cork, ist eins der am meisten besichtigten historischen Gebäude Irlands. Und zwar dank des Blarney Stone, des Steins, der demjenigen, der ihn küßt, die Gabe der Wortgewandtheit verleihen soll. Die Legende, die auf die Zeit von Elisabeth I. zurückgeht, hängt mit der Figur von Cormac Dermot MacCarthy zusammen, dem es dank seiner Beredsamkeit gelang, sich gegen die Königin zu behaupten. Das Ritual des Kusses stammt allerdings aus einer späteren Zeit, vielleicht dem 18. Jahrhundert. Der Überlieferung zufolge soll der Stein ein Fragment des Stone of Scone sein, des Throns, auf dem die schottischen Könige gekrönt wurden.*

50–51 *Cashel, winziges Städtchen in der Grafschaft Tipperary, wird von der märchenhaften Felsenburg überragt. Die wie eine Festung angelegte Kathedrale, in der der heilige Patrick König Aengus getauft haben soll, den ersten christlichen Herrscher von Munster, war bis ins 13. Jahrhundert hinein Sitz der Könige von Munster.*

SCHLÖSSER UND FESTUNGEN

Selbstverständlich gibt es keine strenge Trennung zwischen Klöstern und Schlössern, sondern eine enge, in der geschichtlichen Entwicklung verankerte Verbindung. Wo ein Kloster stand, um das herum sich erste Siedlungen bildeten, war es ein verteidigungstechnisches Muß, eine Festung zu errichten: und zwar zunächst einen Turm, dann ein richtiges Schloß.

Wieviele Schlösser es in Irland gibt oder gegeben hat, ist eine Frage, auf die es keine sichere Antwort gibt. Gewiß ist, daß auf die ersten Festungen, die der Verteidigung gegen die Invasionen der Wikinger dienten, die anglonormannischen Schlösser und anschließend die Residenzschlösser des 17. und 18. Jahrhunderts folgten. Letztendlich sind die irischen Schlösser nicht nur zum Anschauen, sondern auch zum Wohnen da. Hier und da trifft man auf einen Turm oder eine Burg, die in viktorianischer Zeit umgebaut oder in ein reizvolles Hotel verwandelt wurde (in einem Schloß wohnen zu können, stellt sicher einen weiteren Pluspunkt irischer Ferien dar). Wie in Adare Manor, im Herzen des blühenden Dorfs Adare, mehr oder weniger an dem Ort, wo einst das Desmond Castle aus dem 13. Jahrhundert stand, oder Dromoland Castle, oder Mewmarket-on-Fergus, ein weiteres neugotisches Schloß, das anstelle einer Festung des 16. Jahrhunderts, die den O'Brien gehört hatte, erbaut worden war. Oder Ashford Castle, Remake aus dem 19. Jahrhundert einer antiken normannischen Festung an den Ufern des Lough Corrib, heute luxuriösestes Hotel der Insel.

51 oben *Antiker Palast der O'Brien, Grafen von Thomond, zeigt sich das Schloß von Bunratty, das im 16. Jahrhundert auf einer sich damals im Shannon gebildeten Insel errichtet wurde, als klassisches mittelalterliches Schloß, das durch den gewaltigen viereckigen Turm auffällt. 1954 vom Besitzer, Lord Gort, der es später dem Staat vermachte, gründlich restauriert, bildet es seit 1960 das perfekte Szenario für „mittelalterliche Bankette“ inmitten von antiken Einrichtungen und prachtvollen Wandteppichen. Rundherum wird mit dem Bunratty Folk Park die Atmosphäre eines typischen, alten irischen Dorfs heraufbeschworen.*

51 unten *An den Ufern des Flusses Boyne liegt Trim, heute ein kleiner Marktflecken, der früher beinahe die Hauptstadt von Irland geworden wäre. Hier ließ der erste normannische Baron von Meath, Hugh de Lacy, 1172 ein mächtiges Schloß, die größte anglonormannische Festung des Landes, errichten. 1649 von den Truppen Cromwells angegriffen, weist Trim heute grandiose, mitten im Grünen liegende Ruinen auf, in deren Mitte sich der gewaltige Komplex des 13. Jahrhunderts mit über 20 m hohen Türmen erhebt.*

52–53 *Der zweite Graf von Dunraven begann 1832 in der Nähe des kleinen Dorfs Adare in der Grafschaft Limerick mit dem Bau von Adare Manor, das anstelle eines früheren Gebäudes aus dem 17. Jahrhundert errichtet wurde. Das neugotische Schloß ist heute ein luxuriöses Hotel, umgeben von 840 ha Park und einem der schönsten Golfplätze Irlands. Die intakten Räume sind ein Triumph von Edelhölzern, mit prachtvollen Salons, etwa 50 Kaminen und einer Galerie, die zu den längsten Europas gehört und deren Vorbild offensichtlich Versaille war.*

that build it

54 oben Sechs Kilometer südöstlich von der Stadt Athy in der Grafschaft Kildare ist Kilkea Castle zu sehen, das den Grafen von Kildare gehörte und inzwischen in ein Hotel verwandelt wurde. Die Ursprünge des Schlosses gehen auf das 12. Jahrhundert zurück, und wie jede Burg, die etwas auf sich hält, hat auch Kilkea Castle sein Gespenst: Der Legende zufolge soll zwischen seinen Mauern noch heute der Geist von Gerard, dem 11. Grafen von Kildare, umherirren.

54 unten *Aughnanure Castle an den Ufern des romantischen Lough Corrib im Herzen des Joyce Country in der Grafschaft Galway zeichnet sich durch den gewaltigen, sechsstöckigen, an der Spitze zinnengekrönten Turm aus. Dieser Turm wurde im 16. Jahrhundert von den O'Flaherty errichtet, dem damals mächtigsten Clan der Region. Während der Rest des Gebäudes im Lauf der Zeit langsam zerfiel, stellt der sorgsam restaurierte Turm einen ausgezeichneten Aussichtspunkt dar: Von hier aus genießt man einen herrlichen Blick über den Nordwesten, von den waldgesäumten Ufern des Corrib zu den Hügeln von Joyce Country, und nach Süden auf den Gipfel von Knocknalee Hill.*

Interessant sind auch die mittelalterlichen Bankette und traditionellen Abende, die in alten Schlössern stattfinden und zwar ein bißchen kitschig sind, aber doch als eine Möglichkeit der Rückbesinnung auf die Vergangenheit der Insel immer wieder gern besucht werden. Im Kreis der Schlösser, die im Grün der Heide und an den Ufern des Shannon liegen – Askeaton, Breagh Castle, Glenquin Castle, Shanid Castle, Springfield Castle, Castle Matrix – findet man sich plötzlich mitten ins Mittelalter zurückversetzt. Bunratty Castle, ursprünglich aus dem 15. Jahrhundert, wurde in den 50er Jahren liebevoll restauriert und in das bekannteste Schau-Schloß Irlands verwandelt, etwas künstlich zwar, aber im Grunde interessant, weil es einen Eindruck des irischen Lebens um das 19. Jahrhundert vermittelt.

Auch das nahe Knappogue Castle, Festung des 15. Jahrhunderts des McNamara-Clans, bildet den Rahmen für mittelalterliche Bankette, ebenso wie Dunguaire Castle, Wachtposten der Vergangenheit, der auf einem Felssporn die Kinvarra Bay, eine Windung der Bucht von Galway, überragt.

Die Geschichte der irischen Schlösser ist lang und gleichzeitig eine Aufforderung zu endlosen Entdeckungen. Als ob die irische Landschaft seit jeher und für immer ihre ideale Darstellung in einem Szenario fände, das sich aus grünen Wiesen, dramatisch wechselhaftem Himmel und den steinernen Konturen eines Klosters oder einer Festung zusammensetzt.

Eine vollkommene Symbiose zwischen Landschaft, Glaube und Krieg ist zum Beispiel die Burgfeste von Cashel, einer

54–55 Ein stimmungsvolles Bild von Dunguaire Castle, das sich an die Ufer der Kinvarra Bay schmiegt. Das Schloß aus dem 16. Jahrhundert mit dem massiven Turm und dem intakten Mauerring ist von Ostern bis September für das Publikum geöffnet. Dunguaire Castle liegt nur wenige Kilometer von dem malerischen, farbenfrohen Fischerdorf Kinvarra entfernt, wo noch heute in typischen Läden Handwerksartikel gekauft werden können.

55 oben *Das Schloß von Kilkenny in der gleichnamigen Grafschaft wurde zu verschiedenen Zeiten auf den Hügeln errichtet, wo wahrscheinlich ursprünglich eine normannische Festung von Richard de Clare „Strongbow“, Herzog von Pembroke, stand.*

56–57 Fast im Herzen von Irland gelegen, wurde das Schloß von Birr um das Jahr 1620 von Sir Lawrence Parsons errichtet. Seine Familie wurde später in diesem Teil der Grafschaft von Offaly, die Besitz der O'Carrols war, des als stolz und gastfreundlich beschriebenen ortsansässigen Clans, mit dem Titel „Grafen von Rosse" ausgezeichnet. 1823 durch einen Brand beinahe völlig zerstört, wurde es in neugotischem Stil restauriert. Das heute noch bewohnte Schloß von Birr weist prachtvolle Räume auf, von der reichbestückten Bibliothek zu den antiken Einrichtungsgegenständen – die keltische Harfe und die Konsole, deren Sockel das Adelswappen ist. William Parsons, 3. Graf von Rosse, ließ 1845 außen ein riesiges Teleskop bauen. Es blieb 75 Jahre lang das größte der Welt.

der spektakulärsten Orte Irlands. Es erzählt die Legende, daß der Rock of Cashel, ein steilwandiger Felsrücken, ein dem Teufel persönlich beim Anblick des heiligen Patrick aus dem Mund gefallener Stein sei. Auf dem Felsen selbst ruht ein architektonischer Komplex, der sich aus einem echten Märchenschloß mit großen und kleinen Türmen, zinnengekrönten Mauern, sogar den Resten einer richtigen Kathedrale und einer prächtigen romanischen Kapelle zusammensetzt.

Der Felsen wurde schon im 4. Jahrhundert von den Königen von Munster befestigt. Später bauten weitere Herrscher der Dynastie Wohngebäude an, denn Cashel war bis zum 12. Jahrhundert Sitz der Könige von Munster. Später wurde der Bau der Kirche überlassen und zu einem bedeutenden religiösen Zentrum. Erst in der Mitte des 18. Jahrhunderts wurde es endgültig verlassen. Auch der heilige Patrick hat mit der Geschichte des Schlosses zu tun, denn er soll sich im 5. Jahrhundert hier aufgehalten und König Aengus, den ersten katholischen Herrscher Irlands, zum Christentum bekehrt haben. Sehenswert ist der Sockel des prachtvoll gemeißelten St.-Patrick-Kreuzes: Es soll sich dabei um den Krönungsstein der Könige von Munster handeln. Er befand sich an der Stelle, an der König Aengus getauft wurde. Nicht zu vergessen auch Cormac's Chapel, die älteste und schönste der romanischen Kapellen Irlands, voll prachtvoller, ins Giebelfeld der Hauptfassade, in die Kapitelle und in den Bogen des Chors gemeißelter Dekorationen, die Kathedrale in gotischem Stil, der Central Tower und der Round Tower, der das älteste Monument der Burgfeste ist.

Unweit von Cashel liegt das kleine Dorf Cahir, bzw. auf irisch Cathair, die Festung mit einem der größten und reiz-

58–59 Ashford Castle, in prachtvoller Lage am Lough Corrib, wurde im 19. Jahrhundert innerhalb von 30 Jahren von Lord Ardilaun, einem Mitglied der Guinness-Familie, errichtet. In die mit Türmen bewehrte Fassade wurden die Reste des Burgo Castle aus dem 13. Jahrhundert und des originellen Ashford House aus dem 18. Jahrhundert, das im Stil eines französischen Schlosses erbaut worden war, einbezogen. Das Ergebnis ist ein perfekter neumittelalterlicher Mischstil. Heute ist das Gebäude ein reizvolles Hotel, in dem bevorzugt Könige und Präsidenten nächtigen. Der Billardsaal wurde eigens für Eduard VII. angelegt, der 1905 hier abgestiegen war, während für Ronald Reagan bei seinem Besuch 1984 spezielle, besonders große und bequeme Doppelbetten besorgt wurden. Rund um das Schloß liegen am Ufer des mit kleinen Inseln übersäten und für seinen Fischreichtum berühmten Lough Corrib wunderschöne Gartenanlagen für Sport und Erholung: Ausdruck jenes so besonderen irischen Lebensstils. Bei Festivitäten kann man noch heute den Dudelsäcken lauschen, die von Nachfahren der „Highlanders“ im Kilt gespielt werden, jenen Schotten, die früher etliche Gebiete Irlands, vor allem im Norden, bevölkerten.

vollsten Schlösser Irlands. Sie schmiegt sich an eine Felseninsel, die den Fluß Suir überragt. Cahir Castle ist das perfekte Modell einer Burg, das dem Geschichtsbuch entstiegen zu sein scheint, mit Türmen, Mauern und rundherum wilder, menschenleerer Natur. So wurde es idealer Schauplatz für die Außenaufnahmen von Filmen wie *Excalibur* und *Barry Lyndon*.

Fast alle irischen Schlösser erinnern an Märchenburgen, zum Beispiel das von Johann ohne Land in Lismore in der Gegend von Cork am Fluß Blackwater. Im Lauf der Jahrhunderte zwar etliche Male umgebaut, hat es inmitten prächtiger Gärten doch sein Aussehen als echtes Märchenschloß bewahrt. Ein paar Kilometer nordöstlich von Cork liegt Blarney, ein winziges Dorf mit einer mächtigen Festung auf einem Felsensporn, der den Fluß Martin überragt. In diesem Schloß der MacCarthy aus dem 15. Jahrhundert residierte Dermot MacCarthy, Lord von Blarney, der mit brillanter Rhetorik und ausgefeilten Wortgefechten die Forderungen von Königin Elisabeth I. nach Steuern und Unterwürfigkeit geschickt zu umgehen wußte. Seit jener Zeit ist „blarney“ ein fast sprichwörtlich gewordener Begriff für gefälliges Gerede zu dem Zweck, jemanden zu täuschen, ohne ihm weh zu tun. Und ein wundersamer Stein auf den Zinnen des Turms soll die Wortgewandtheit all denjenigen verleihen, die ihn küssen. Dieses Ritual wurde im 18. Jahrhundert eingeführt, hat aber auch heute noch etliche Anhänger.

Man muß 120 Stufen hochsteigen und sich praktisch auf den Kopf stellen, denn der Stein befindet sich in einer nicht leicht zu erreichenden Stellung – Preis für die Beredsamkeit! Romantische Ruinen, die von Helden- und Kriegergeschichten erzählen, gibt es überall. In Connemara zum Beispiel, einem Stück Irland in den Farben Steingrau und Grün, befinden sich wildromantische Ruinen: die von Castle Kirke aus dem 12. Jahrhundert, die efeuumrankten Mauern von Ballynahinch Castle auf einer winzigen Insel des gleichnamigen Sees, und dann Bunowen Castle, Clifden Castle und Renvyle Castle.

Im Norden, im Irland von Yeats und dem Stammland des Tweed, zwischen den Ruinen der alten Festungen des

60–61 Etwas weiter südlich von Bantry, einem malerischen kleinen Dorf aus bunten Häuschen, die auf eine der schönsten Buchten der grünen Insel blicken, liegt ein eleganter georgianischer Palast mitten im Grünen eines wunderschönen Parks: Bantry House. 1759 errichtet, aber im 19. Jahrhundert mit besonderer Pracht und Eleganz von Lord Bantry vergrößert und ausgebaut, war es urspünglich der Wohnsitz der Grafen von Bantry, deren Nachfahren es bis zum heutigen Tag gehört. Tatsächlich residieren sie immer noch in den prachtvollen Räumen inmitten von Gobelins, Familienbildnissen, Chippendale-Möbeln und antikem Porzellan und Silber. In Bantry House befindet sich das Bantry French Armada Exhibition Centre, das 1985 nach der Auffindung des Wracks der Surveillante eingerichtet wurde, eines der Schiffe der französischen Flotte, die 1789 hier eintraf, um die irische Sache zu unterstützen.

Clans O'Rourke, Schlössern, die aus dem 18. Jahrhundert stammen oder neugotisch sind, treffen wir auf das viel ältere Schloß des Clans MacSweeney Doe, das in malerischer und vollkommen geschützter Lage am Ufer der Bucht Sheep Haven zwischen dem Meer und den Muckish Mountains liegt. Die Engländer nannten es einst respektvoll „die wehrhafteste Festung des Nordens", was sie jedoch letztlich nicht daran hinderte, sie 1650 durch einen Überraschungsangriff einzunehmen. Aber es ist in Ulster, wo das prächtigste, geheimnisvollste und faszinierendste Schloß des Nordens steil über die Küste ragt: Antrim Castle. Errichtet zu Beginn des 14. Jahrhunderts von Richard Burke, dem „Red Earl of Ulster", wurde es im 16. Jahrhundert ausgebaut, doch bereits um die Mitte des 17. Jahrhunderts verlassen, als ein Sturm einen Teil des Felsenriffs und mit ihm ein Stück der Burg und ihrer Geheimnisse ins Meer riß. Hier einen Sonnenuntergang zu erleben, wenn die Umrisse sich magisch vom Horizont abzeichnen, heißt, ein Stück Mittelalter, bevölkert von Rittern und Prinzessinnen, wieder zum Leben zu erwecken.

Das letzte Bild ist eine Verschmelzung der einzelnen Motive, aus denen sich das echte Irland zusammensetzt, das aus Klöstern, Schlössern und einer Prise Literatur besteht. Ein Bild, das man an einem der schönsten Seen Irlands einfangen kann, dem Lough Key, der mit dreiunddreißig winzigen Inseln übersät ist. Church Island zum Beispiel, mit den Resten eines keltischen Klosters aus dem 9. Jahrhundert. Trinity Island, mit der Trinity Abbey aus dem 13. Jahrhundert. Oder Castle Island mit dem antiken Schloß der MacDermot. Es ist dieser geheimnisvolle Ort, der eingebunden in die Legende zweier unglücklicher Liebender ist, den Yeats zum „Schloß der Helden" seines imaginären Irlands machte. Falls es überhaupt eine Grenze zwischen dem echten und dem erträumten Irland gibt.

KLÖSTER

Wo beginnt das steinerne Irland, das der Klöster und Schlösser? Wo man will. Denn Schlösser und Klöster sind der Leitfaden jeder Rundfahrt in Irland.

Ein Beispiel? Schon rund um Dublin kann man mit der Reise in die rätselhafte irische Vergangenheit beginnen, die sehr viel weiter als bis zum Mittelalter reicht. Im Norden der Hauptstadt sind die reizvollsten keltischen Reste Irlands konzentriert. Zum Beispiel Tara Hill, eine Gruppe sanfter, grüner Hügel, wo man die Reste einer heidnischen Kultstätte und den geweihten Ort erkennen kann, an dem die Krönungen der legendären Könige von Tara stattfanden. Nach wenigen Meilen trifft man auf Trim, das größte normannische Schloß Irlands, eine Festung aus dem 13. Jahrhundert des englischen Königs Johann ohne Land, Bruder von Richard Löwenherz. Später wird es Schauplatz eines nutzlosen Widerstands gegen die Truppen Cromwells. Nicht weit davon entfernt, am Tal des Flusses Blackwater, liegt Kells, der Ort, an dem im 6. Jahrhundert das große Kloster gegründet wurde, in dem das einzigartige Book of Kells, heute im Trinity College, aufbewahrt und wahrscheinlich auch zum Teil mit Miniaturen ausgeschmückt wurde. Die Reste der Klostergebäude oben neben dem Friedhof, der große Turm aus dem Jahr 1000, die prachtvoll verzierten Kreuze des heiligen Patrick und des heiligen Colomban bilden ein reizvolles Ganzes.

Steine von Schlössern, Steine von Klöstern und auch Steine von keltischen Hügelgräbern: eine optimale Stichprobe dessen, was ganz Irland zu bieten hat. Das Spiel der Rückkehr zur Vergangenheit fällt hier nicht schwer. Und so kann man versuchen, das Leitmotiv der Religiosität aufzuspüren, das für eine seit dem 5. Jahrhundert als Heimat von Heiligen und Geistlichen bekannte Insel maßgeschneidert zu sein scheint.

In der näheren Umgebung von Dublin gibt es gleich drei interessante Ziele: Die Drei, Zahl mit besonderem symbolischen Wert, magisch-esoterischen Eigenschaften und religiösen Bedeutungen, harmoniert mit der Atmosphäre Irlands. Zunächst führt der Weg uns zu den Resten der Abtei von Mellifont. Als erstes Zisterzienserkloster Irlands wurde es vom heiligen Malachias und anderen Mönchen 1142 gegründet. Dann besuchen wir Monasterboice, einen der ältesten religiösen Komplexe Irlands. Der Legende zufolge soll er vom heiligen Buithe vor dem 6. Jahrhundert gegründet worden sein. Man kann dort prachtvolle keltische Kreuze und authentische Steinbücher mit Szenen des Alten und Neuen Testaments bewundern. Sie stel-

62 oben *In einer sanften Landschaft, zwischen dem Grün der Weiden und dem Ufer des Flusses Suir, hat die Holy Cross Abbey heute noch denselben Reiz wie vor acht Jahrhunderten, als sie 1180 von Zisterziensermönchen gegründet wurde. Eine sorgsame Restaurierung hat die Kirche mit ihren schönen steinernen Dekorationen 1975 wieder in ihren ursprünglichen Zustand zurückversetzt. Wie der Name besagt, bewahrt die Abtei zwei kostbare Fragmente auf, die vom Kreuz Christi stammen sollen, weswegen sie alljährlich Ziel unzähliger Pilger ist. In einem angrenzenden Garten stehen Bronzeskulpturen, die die einzelnen Stationen des Anstiegs zum Berg Golgotha darstellen, ein Werk des italienischen Bildhauers Enrico Manfrini.*

62–63 *Dies sind die Reste des Franziskanerklosters von Timoleague, einst eine der größten Klostersiedlungen Irlands, die an der Schlauchmündung des Flusses Argideen im äußersten Südosten des Landes liegt. Der gälische Name bedeutet „Haus des Molaga", jenes Heiligen, der das ursprüngliche Kloster im 6. Jahrhundert gegründet haben soll. Doch stammen die heute sichtbaren Ruinen von der Abtei aus dem 14. Jahrhundert, die ein irischer Fürst, Donal Glas MacCarthy, hatte errichten lassen. Außer einem Großteil der Kirche des Glockenturms sind noch die Küche, der Speisesaal und das Krankenzimmer zu sehen.*

63 oben links *Die Ruinen der Abtei von Boyle stellen Irlands bedeutendstes Beispiel eines religiösen Zisterzienserkomplexes des 12. Jahrhunderts dar. Die Kirche, der Kreuzgang, die Zellen der Mönche und die Sakristei sind noch erhalten. Gegründet 1161 und 1218 eingeweiht, war die Boyle Abbey als Kloster bis ins 16. Jahrhundert aktiv. Später, von der Elisabethanischen Zeit bis zum Ende des 18. Jahrhunderts, diente sie als Festung mit dem Namen Boyle Castle.*

63 oben rechts *Einige Schafe auf Wiesen in der Nähe von Kells Priory bei Kilkenny.*

64–65 Acht Meilen vor der Küste von Kerry, in der Bucht von St. Finian, stellen die Skellig-Inseln drei vom Wind gepeitschte Felsenreste dar. Auf Great Skellig – Sceilg Mhichil auf irisch – der größten Insel, steht eines der spektakulärsten und ältesten Klöster Europas, das auf das 8.–9. Jahrhundert zurückgeht. Die etwa 1 km lange und 500 m breite Insel ragt 150–200 m über das Meer. Hier, auf dem Gipfel der Insel, liegt das Kloster, das man über eine endlose, tausend Jahre alte Steintreppe erreicht. Es ist ein trotz der zahllosen, bereits mit den Wikingern im 9. Jahrhundert begonnenen Überfälle überraschend intakter Komplex: die kleinen Zellen aus Trockenmauern, die kaum mehr als einfache Hütten sind, ein paar Oratorien, die Reste der romanischen Kapelle St. Michael und der winzige Friedhof auf einem grasbewachsenen Platz, der auf das Meer blickt. Hier und da gemeißelte Kreuze (das spektakulärste ragt steil über dem Felsenriff in den Himmel und war beliebtes Ziel der Pilger) und kleine, grüne Terrassen, in denen die Mönche winzige Gemüsegärten angelegt hatten, die ihnen zusammen mit dem Fischfang die lebensnotwendige Nahrung lieferten.

len eine imaginäre Bibel dar, die die Geschichten von Adam und Eva, Kain und Abel sowie David und Goliath erzählen. Aber der zauberhafteste Ort liegt vermutlich etwas südlich von Dublin, verborgen im Herzen der Wicklow-Berge, eingebettet in eine grüne und streckenweise rauhe, wilde und geheimnisvolle Landschaft. Hier in dieses einsame Tal, das durch ein paar kleine Seen aufgelockert wird, zog der heilige Kevin sich im 6. Jahrhundert zurück. So entstand in der Stille von Glendalough, was soviel wie „Tal der beiden Seen" heißt, eine Ordensgemeinschaft. Heute befinden sich hier, verstreut im Grünen, die Ruinen von sieben Kirchen, die rund um einen spektakulären Turm liegen, der das Symbol von Glendalough und vielleicht aller Klöster Irlands überhaupt ist. Man sollte in Glendalough möglichst im weichen Licht des Sonnenuntergangs eintreffen. Es läßt den Stein in goldenen Reflexen erglühen, und man entdeckt einen Mikrokosmos, der aus dem kleinen Friedhof, der Kathedrale aus dem 11./12. Jahrhundert, der kleinen Kevin's Church, den Ruinen der St. Kieran's Church, der St. Mary's Church, der Trinity Church, St. Saviour's Priory und dem Temple-na-Skelling besteht. Letztere Kirche ist die älteste und wurde an der Stelle der ersten, vom heiligen Kevin gegründeten Kirche erbaut. Rundum nur Grün und hier und da verstreute keltische Kreuze. Quintessenz Irlands? Vielleicht. Doch beim Streifzug durch Heideland und Täler, Küsten und Hügel trifft man immer wieder auf einsame Gegenden mit der gleichen Faszination, und es sind nicht immer die berühmtesten. In der Umgebung von Kilkenny zum Beispiel verbergen sich die grandiosen Ruinen der prächtigen Jerpoint Abbey, einer im 12. Jahrhundert gegründeten Zisterzienserabtei mit einem von Säulen-Statuen übersäten Kreuzgang. Eine weitere kaum bekannte Zisterzienserabtei, die Holy Cross Abbey (Abtei des Heiligen Kreuzes), in der ein Fragment des Kreuzes Christi verehrt wird, liegt in der Nähe von Thurles und hat sich eine grandiose Erhabenheit bewahrt, die Jerpoint Abbey in nichts nachsteht. Die geographische Lage der heiligen Stätten Irlands überrascht oft. An der südlichen Küste, die nach Cork führt, befindet sich eines der ältesten Klöster am äußersten Ende eines vom Wind gepeitschten Vorgebirges. Es handelt sich hierbei um Ardmore, Zentrum der Christenheit seit dem 5. Jahrhundert, mit Resten der Kirche St. Declan, die teils romanisch, teils gotisch ist und einen hohen Turm und ein kleines Oratorium aufweist, das als Grab des heiligen Declan verehrt wird und alljährlich am 24. Juli Ziel von Wallfahrten ist. Und kann es ein aufregenderes Szenario als das Kloster von Skellig Michael geben, ein winziges Eiland vor Kerry? Einen Kilometer lang und 500 Meter breit, beherbergt Sceilg Mhichil, wie der irische Name lautet, 200 Meter über dem Meer bzw. 600 Steinstufen hoch, eines der ältesten Klöster Europas. Es wurde im 6. Jahrhundert erbaut und ist nicht einfach zu erreichen: Es gibt keinen regelmäßigen Fährschiffverkehr. Das Meer, der Atlantik, ist alles andere als harmlos und die

66 Die Ruinen von Ross Abbey (oder Ross Errilly Abbey) stellen ein interessantes Zeugnis des franziskanischen Klosterlebens dar. Die Gründung der Abtei geht auf die Mitte des 14. Jahrhunderts und die Familie Burgo zurück, aber die heute sichtbaren Ruinen stammen größtenteils von den im 15. Jahrhundert stattgefundenen Umbauten. Der zinnengekrönte Turm zum Beispiel ist aus dem Jahr 1498, und er weist im ersten Stock eine ungewöhnliche Galerie mit drei Öffnungen auf, durch die man den Eingang überwachen konnte. Hinten der Kreuzgang und dann die Küche mit dem großen Steinbecken, das für die lebenden Fische bestimmt war, der Backofen und der außen verlaufende Steinkanal für die Abwässer, das Speisezimmer mit dem großen Steinsitz neben dem Fenster, der dem Mönch vorbehalten war, der während der Mahlzeit aus der Heiligen Schrift vorlas. Alles trägt dazu bei, die Atmosphäre einer eng verbundenen und nicht auf fremde Hilfe angewiesenen Gemeinschaft heraufzubeschwören. Ein heiteres Leben, das unversehens unterbrochen wurde, als die Engländer das Kloster 1596 besetzten. Später, 1658, wurden die Gebäude von Cromwell zerstört.

Landung abenteuerlich. Hier finden wir mehr oder weniger die gleiche Atmosphäre wie der heilige Brendan vor, der legendäre Mönch-Eremit-Seefahrer des 5./6. Jahrhunderts, der von Irland aus sogar Amerika erreicht haben soll, und zwar mit einem Fischerboot. Auf den heiligen Brendan weisende Zeugnisse finden wir fast auf der ganzen Insel. Hier an der Südküste, wo das Gallarus Oratory liegt, eine der vollständigsten und besterhaltenen frühmittelalterlichen Kirchen der Insel, die wahrscheinlich aus dem 9. Jahrhundert stammt, befindet sich zum Beispiel in Ballydavid Brendan Creek. Von hier aus soll der Mönch in Richtung Neue Welt aufgebrochen sein. Hier findet man auch Ardfert, einst die wahre religiöse Hauptstadt von Kerry, mit den majestätischen Ruinen der Kathedrale und der Abtei, die beide vom heiligen Brendan gegründet wurden und hier und da prachtvolle romanische Dekorationselemente aufweisen wie die gemeißelten Drachen, die die Kräfte des Bösen darstellen... St. Brendan, St. Colomban und St. Patrick: Das Irland der Klöster steht unter dem Zeichen dieser drei Heiligen, die zentrale Gestalten des ersten Mönchtums der Insel waren. Sie wurden in Ereignisse verwickelt, die oftmals einen gemeinsamen Nenner hatten: die Verjagung der Dämonen zum Beispiel, die gewöhnlich die Gestalt furchterregender Schlangen annahmen. Der heilige Patrick soll der Legende zufolge, nachdem er 40 Tage lang gefastet hatte, Irland direkt vom später nach ihm benannten Berg, Croagh Patrick, von Ungeheuern und Schlangen befreit haben. Er ließ eine Glocke läuten (die St. Patrick's Bell kann man im National Museum von Dublin besichtigen), worauf die Ungeheuer sich sogleich vom Gipfel des Berges in die Tiefe stürzten. Heute ist eine Pilgerfahrt zum Croagh Patrick eins der klassischen Ziele frommer Iren, mit obligatorischem Zwischenstopp in der Augustinerabtei von Ballintubber in der Grafschaft Mayo. Zu Beginn des 13. Jahrhunderts errichtet, mit einer schönen romanischen Kirche und gotischem Kreuzgang ausgestattet, hat sie das beinahe einmalige Privileg, ein religiöses Zentrum zu sein, das über die Jahrhunderte immer aktiv geblieben ist. Effektvoller Schauplatz des Wirkens des heiligen Colomban sind indes Donegal und das winzige Dorf an der Ozeanküste, das Gleann Cholaim Cille bzw. Glencolumbkille heißt. Hier soll der Mönch die Dämonen vertrieben haben, die den ganzen Norden terrorisierten. Von der antiken Ordensgemeinschaft, die die Volksfrömmigkeit dem Mythos des Heiligen zuschreibt, sind nur die Ruinen der Kirche und des mutmaßlichen Hauses von Colomban sowie ein paar Gräber geblieben. In Glen, wie es gewöhnlich genannt wird, findet am 9. Juni, dem Fest des heiligen Colomban, von Mitternacht bis zum Sonnenaufgang eine mystische Wallfahrt statt.

Es folgen Orte, die alle etwas Besonderes und Einmaliges ihr eigen nennen: heilige Inseln wie Scattery, in der Graf-

__67 oben__ Das Gallarus Oratory hinter der Smerwich Bay auf der Halbinsel Dingle ist das vollständigste Zeugnis des ersten irischen Christentums. Es kann auf die Zeit zwischen 800 und 1200 datiert werden und ist eine gewaltige Steinstruktur, die mehr oder weniger die Form eines umgekehrten Boots hat, welche innen 3 m mal 3,5 m mißt und eine kleine Tür sowie ein einziges kleines Fenster aufweist. Das Oratory ist gut erhalten, und obgleich es sich hierbei um eine Struktur aus Trockenmauern handelt, ist das Gebäude auch nach Jahrhunderten noch dicht.

__67 unten__ Ein massiver Turm aus dem 12. Jahrhundert, 33 m hoch und leicht geneigt, beherrscht das Kloster von Kilmacduagh, 5 km von Gort in der Grafschaft Galway. Hinter dem Turm birgt die Kathedrale interessante Skulpturen und einige Reste von einer kleinen Kapelle und Klostergebäuden sowie hier und da schöne gemeißelte Kapitelle. Denn dies war ein berühmtes religiöses Zentrum, das um 610 n.Chr. von einem örtlichen Heiligen, Colman MacDuagh, gegründet wurde. Im 13. Jahrhundert befand sich hier ein augustinisches Kloster.

68–69 Der Ursprung des Klosters von Kilmaduagh ist mit einer Legende verknüpft. Colman MacDuagh war mit Guaire verwandt, dem König von Connaught, der ihm das Land abtrat, auf dem die religiösen Bauten errichtet werden sollten. Er wollte damit ein von seinem Vater der Mutter Colmans, Rhinach, angetanes Unglück wiedergutmachen. Da er durch eine Wahrsagung erfahren hatte, daß Rhinach einen Sohn gebären würde, der bedeutender als sein eigener sein würde, ordnete der König ihre Emordung an. Rhinach wurde mit einem um den Hals gebundenen Stein in den See geworfen, konnte sich jedoch auf wundersame Weise retten und Colman zur Welt bringen.

68 oben und 69 Die Abtei von Sligo in der Atmosphäre des kleinen, an den Dichter Yeats erinnernden Marktfleckens im Norden bietet einen Einblick in die Welt des Mittelalters. 1552 für die Dominikaner errichtet, wurde sie 1414 durch einen Brand halb zerstört und später, im Lauf der Revolte von 1641, erneut schwer beschädigt. Der Legende zufolge sollen die Gläubigen die silberne Glocke der Abtei gerettet haben, die heute auf dem Grund des Lough Gill liegen soll. Doch nur wer frei von Sünden ist, kann ihr Läuten hören. Vom Komplex der Abteigebäude sind der Kreuzgang aus dem 15. Jahrhundert, einer der am besten erhaltenen, der antike Kapitelsaal des 13. Jahrhunderts, das Schiff und der Chor der ursprünglichen Kirche mit dem gemeißelten Altar geblieben, ein nahezu einzigartiges Beispiel irischer Klosterarchitektur. Viele Kreuze sind hier und da zu bewundern und in der Kirche einige Gräber zu sehen, wie das von Cormac O'Craian aus dem Jahr 1506 und das von O'Connor Sligo, der im Jahr 1624 verstarb.

schaft Clare, mit den Resten eines Klosters aus dem 5. Jahrhundert, das der Legende zufolge vom heiligen Senan errichtet wurde, der hier ein furchtbares Ungeheuer bekämpfte. Oder Inishmurray, vier Meilen vor Sligo, mit den Ruinen eines im 6. Jahrhundert vom heiligen Molaise gegründeten Klosters bzw. drei Kirchen, die rundherum von einem Ring aus Trockenmauern eingefaßt werden. Faszinierend sind auch die mitten ins Grüne gebetteten Ruinen des Kilmacduagh-Klosters hinter der Bucht von Galway. Der im 7. Jahrhundert gegründete Klosterkomplex weist Reste von fünf mittelalterlichen Kirchen und einen hohen Turm aus dem 12. Jahrhundert auf, der ein konisches, leicht geneigtes Dach besitzt und fast eine Art irischer Turm von Pisa ist. Oder gleich hinter Sligo die grandiosen Ruinen von Boyle, eine magische Zisterzienserabtei aus dem 12. Jahrhundert, die teils romanisch, teils gotisch ist und mysteriöse, in den Kreuzgang und die Reste des Schiffs gemeißelte Figuren aufweist.

Kreuze findet man überall, angefangen bei dem prachtvollen Donagh Cross von Camdonagh oder dem Kreuz des heiligen Patrick aus dem 7. Jahrhundert, eines der ersten als Relief gemeißelten Kreuze religiöser irischer Kunst. Doch ist es fern vom Meer, im Herzen des grünen Irlands, im Wasserlabyrinth des Shannonbeckens, wo die Insel die letzten, spektakulären Reste der Heldentaten von Mönchen und Heiligen verbirgt.

70 oben Das antike Kloster von Clonmacnoise an den Ufern des Shannon ist mit Sicherheit einer der reizvollsten religiösen Orte ganz Irlands. Der erste Kern wurde vom hl. Ciaran 545 n.Chr. gegründet, worauf das Kloster sechs Jahrhunderte lang eine Blütezeit als Zentrum der Kultur und Andacht erlebte. Hier wurden prachtvolle Manuskripte mit Miniaturen ausgeschmückt, und hier wurden die Könige von Connaught und Tara begraben, 1198 auch der letzte ard-ri (König) Irlands, Rory O'Connor. Nachdem es zahlreichen Attacken von Wikingern und Normannen widerstanden hatte, wurde Clonmacnoise 1552 schließlich von den Engländern zerstört. Heute stellt es immerhin noch die grandioseste Klosterruine Irlands dar, mit Resten einer Kathedrale, acht Kirchen, zwei Türmen, drei großen Kreuzen, 200 gemeißelten Steinen und einem Schloß aus dem 13. Jahrhundert.

71 links Zu den faszinierendsten Resten von Clonmacnoise gehört das tausendjährige Kreuz der Heiligen Schrift, das Episoden aus dem Leben Christi darstellt. Es geht auf das 9./10. Jahrhundert zurück und weist die Inschrift „ein Gebet für Colman, der dieses Kreuz für König Flann schuf" auf, was wohl bedeutet, daß das Kreuz auf dem Grab von Flann stand, dem 915 verstorbenen Gönner des Klosters. Zahlreiche fein ausgearbeitete biblische Szenen reihen sich aneinander, wie das Jüngste Gericht, Momente der Passion und auch einige andere Bilder, wie König Dermot, der dem hl. Ciaran hilft, den ersten Kern des Klosters von Clonmacnoise zu errichten, eine Szene, die an einer Seite des Sockels zu sehen ist.

70 unten Insel der Ruinen könnte man Devenish Island nennen, den Fetzen Festland im Wasser des Lower Lough Erne, kaum mehr als eine Meile vor Enniskillen in der Seenregion. Hier liegen die Ruinen des bedeutendsten klösterlichen Komplexes von Nordirland, der im 6. Jahrhundert vom hl. Molaise gegründet wurde. Der fast 25 m hohe Turm mit fünf Stockwerken, das kleine Oratorium von St. Molaise und die Teampiull Mor genannte Kirche aus dem 12. Jahrhundert, die Ruinen der Abteikirche St. Mary aus dem 15./16. Jahrhundert und das mit Szenen aus der Passion verzierte Kreuz (16. Jahrhundert) bilden ein reizvolles Ganzes.

Man kann bei Saint's Island (die in Wirklichkeit im Lauf der Zeit eine Halbinsel geworden ist) des Lough Ree beginnen, einem mystisch und magisch anmutenden See mit den Resten eines mittelalterlichen Klosters und der Höhle, die die Legende den Brunnen oder das Fegefeuer des heiligen Patrick nannte. Denn der Heilige soll direkt mit dem Fegefeuer in Verbindung gestanden haben. Christus selbst soll es ihm gezeigt haben. Dann Clonfert, fast am Ufer des Shannon, mit der überraschenden, im 13. Jahrhundert errichteten Kathedrale und einem gemeißelten Portal, das ein Meisterwerk irischer Romanik darstellt, mit einer Unzahl menschlicher Köpfe, die die steinerne Fläche gliedern. Holy Island, ein einsames Inselchen, erreicht man am schnellsten vom Anglerzentrum Mountshannon aus. Es erinnert an das goldene Zeitalter des irischen Christentums, mit den Ruinen eines Klosters aus dem 7. Jahrhundert, bzw. einem Turm, fünf kleinen Kapellen, einem gemeißelten Kreuz, dem heiligen Brunnen, ganz nach einem im frühen irischen Mönchtum typischen Modell. Den tiefsten Eindruck hinterläßt vielleicht das prachtvoll am Ufer des Shannon liegende Clonmacnoise, die größte Klostersiedlung Irlands, die 545 von dem heiligen Ciaran gegründet wurde. Was sich heute als vereinzelte Ruinen inmitten sanfter grüner Felder darbietet, war einst eines der berühmtesten und reichsten Forschungs- und Kunstzentren Europas. Hier entstanden auch kostbare Gegenstände wie das Kreuz von Clonmacnoise, das im Nationalmuseum von Dublin aufbewahrt wird. Seit 1955 steht die „heilige Stadt" unter staatlicher Obhut. Eine beachtliche Gruppe geweihter Stätten ist geblieben, ein authentischer Mikrokosmos der Andacht, mit der Kathedrale, schönen, gemeißelten Portalen und dem Grab des letzten Königs von Irland, Rory O'Connor, weiteren Kirchen (die bemerkenswerteste ist wohl Teampall Finian aus dem 13. Jahrhundert), ein paar Türmen, drei großen, gemeißelten Kreuzen, den Resten eines Schlosses und über zweihundert Grabsteinen mit Inschriften, die vom 6. bis 12. Jahrhundert reichen. Das Ganze übt eine zeitlose Faszination aus.

71 oben rechts Entlang der Straße, die Kylemore Valley durchquert, öffnet sich der Fluß Dawros in drei kleine Seen. Aus einem dieser Seen, Fannon Pool, scheint Kylemore Abbey hervorzuragen, ein neugotisches Juwel, das Mitchel Henry, ein Finanzier, 1864 errichten ließ. Heute beherbergt Kylemore, das vom Architekten Fuller entworfen wurde, eine Gemeinschaft der benediktinischen Nonnen von Ypres.

__71 unten rechts__ Das Portal der Kathedrale von Clonfert, die im 13. Jahrhundert an dem Ort errichtet wurde, an dem der hl. Brendan 563 ein Kloster gegründet haben soll. Es ist ein echtes Meisterwerk der irischen Romanik. Ganz in Kalkstein gehauen, weist es eine Reihe grotesker Gesichter auf. Der Bogen mit sechs unterschiedlich gearbeiteten Bändern wird von einem Dreieck überragt, das in seinem Innern fünf Figuren und eine Dekoration aus sich mit menschlichen Köpfen abwechselnden Dreiecken aufweist. Im Innern der Kirche ist auch der Chorbogen fein mit symbolischen Figuren ausgeschmückt.

DIE NATUR

__72 oben__ Coulagh Bay, eine der zahllosen Buchten der Halbinsel Beara, zwischen der Bucht von Bantry und dem Fjord von Kenmare: Ein richtiggehender Berg mitten im Meer, ist Beara ein Ort von wilder Schönheit, der das „Skelett" einer Gebirgskette, Caha und Slieve Miskish Mountains, bildet.

__72–73 und 73 oben links__ Stimmungsvolle Bilder der Grafschaft Kerry. Hier verläuft an der Halbinsel von Iveragh entlang die „Ring of Kerry" genannte, 150 km lange Strecke mit prachtvollen Ausblicken: Der Weg führt von Killarney an der Küste entlang vorbei an Städtchen wie Kenmare, Cahirciveen, Killorglin und Buchten wie Ballinskelligs, St. Finian's, Dingle. Stellenweise durchquert man dabei das wunderschöne Hinterland, das reich an Seen und einzigartigen Landschaften ist, allen voran der spektakuläre Lady's View, der atemberaubendste Ausblick auf die Seen von Killarney.

Einsam, wild, herrlich. Die Adjektive, die für die Beschreibung der Natur in Irland verwendet werden, sind selten zufällig. Einer Natur, die auf dieser Insel endloser Weite und grenzenloser Stille, mit mehr als 80.000 Quadratkilometern für weniger als 4 Millionen Einwohner und mit einem Symbol, das nicht von ungefähr ein grünes Glückskleeblatt darstellt, immer im Vordergrund steht. Natur ist überall, doch gibt es Landschaften, deren Schönheit uns das Absolute ahnen läßt. Die Küste von Kerry zum Beispiel. Fünf Halbinseln, die schon in klimatischer Hinsicht ein Stück einzigartiges Irland bilden. Geschützt durch die Nähe des Golfstroms, blühen hier Rhododendronbüsche und Fuchsien. Sie tauchen die Landschaft in unzählige Schattierungen von Rottönen, und hier und da überraschen uns sogar Palmen und Strandkiefern wie am Mittelmeer. Es ist eine zerklüftete Küste aus Felsenriffen und Vorgebirgen, an der sich kleine Sandbuchten und stimmige Dörfer verstecken. Das Bild, das sich sofort aufdrängt, ist das einer Hand, bei der sich die fünf Halbinseln wie Finger ins Meer strecken. Die faszinierenden Halbinseln von Schull und Durrus sind wenig von Touristen überlaufen. Sie bieten ein ländliches Szenario aus Rhododendren, Kiefern, vereinzelt weidenden Kühen und Schafen und kleinen Buchten (die schönste ist die Bucht von Bantry, mit einem Städtchen voll bunter Häuser). Rundherum erstreckt sich eine Handvoll winziger Inseln – Rabbit Islands, die auch den poetischen Namen Inseln von Adam und Eva haben, Long Island, Cape Clear, Sherkin Island – diese Inselchen werden noch von Fischern bewohnt, die nur gälisch sprechen. Die Halbinsel Beara erhebt sich als Berg über dem Meer. Gebirgsketten – Caha Mountains, Slieve Miskish Mountains – bilden das Skelett, und dann nichts als Felsen, Seen, Wasserfälle, rosa blühendes Heideland, so weit das Auge reicht – eine wilde Schönheit, die sich streckenweise unerwartet mit beinahe tropisch anmutenden Mikrokosmen abwechselt. Wie in Glengariff, wo der Golfstrom ein Stückchen üppiger Vegetation mit Palmen und Fuchsiensträuchern entstehen ließ. Eine Atmosphäre, die man verstärkt im gegenüberliegenden Garinish Island wiederfindet: lauter italienisch aussehende Gärten und eine Vielfalt exotischer Pflanzen aus Südafrika, Südamerika und Australien, die sich hier perfekt akklimatisiert haben. Unter den zahllosen kleinen Inseln ist Dursey Island, genau gegenüber der äußersten Spitze der Halbinsel, ein Paradies für Vogelbeobachter. Diesen weltfernen Ort ohne richtige Straßen kann man nur mit dem Moped oder zu Pferd entdecken.

__73 oben rechts__ Gegenüber der Küste der Halbinsel Iveragh, die durch eine Brücke mit dem Festland verbunden ist (im Bild: das Fischerdorf Portamagee), hat die Insel Valentia ein besonders mildes Klima. Hier liegt auch eine der wichtigsten meteorologischen Stationen Europas. Auf der Insel befindet sich zudem das interessante Heritage Centre „The Skellig Experience", eine vollkommene Rekonstruktion des ersten Mönchswesens der Gegend und insbesondere der nahen Insel Great Skellig.

74–75 Die idyllische Schönheit der irischen Landschaft ist unvergleichlich: Das Grün endloser Weiden wird nur hier und da durch blühende Büsche und das Weiß vereinzelter Schafe unterbrochen. Hier sind wir in der Grafschaft Waterford im Süden Irlands, wo die Vielfalt der Landschaft besonders auffällt. Die Schönheit einer so kontrastreichen Natur reicht von den Comeragh Mountains bis zu den Seen, von den großen Häfen zu den Flüssen, von den sanften Atlantikstränden zu den felsigen Halbinseln, den Fjorden und Klippen in Dungarven und Youghal. Gemeinsamer Nenner ist immer wieder das endlose Grün der Wiesen und Wälder, die das Leitmotiv der ganzen Grafschaft bilden.

Hinter der Landspitze von Beara liegt dann die Küste aus schwarzen Felsen und Fetzen von grünen Weiden, mit einem weiteren spektakulären Stück exotischer Vegetation, den Derrens Gardens. Nach einem sanften, unmerklichen Hinübergleiten in die Halbinsel Iveragh, die alle einfach Kerry nennen, folgt eine Reihe überraschend wilder Szenarien, durch die diese besondere Straße führt, die Ring of Kerry genannt wird. Es ist wirklich ein beinahe vollkommener Ring, der von Kenmare nach Parknasilla führt, einer weiteren tropisch anmutenden Enklave aus Rhododendronbüschen, Palmen, Magnolien und Riesenfarnen, Leitmotiv der Vegetation auch der Inselchen, die in der Bucht schwimmen. Prächtige Strände wie am Derryname National Park, in dem sogar Feigenbäume wachsen, wechseln sich ab

mit kleinen Küstenorten wie Waterville, winzigen Inseln wie Puffin (wo an die 700 *Puffins* wohnen) und einsamen Eilanden wie den Skelligs: Great Skellig, mit einem der ältesten Klöster Europas, und Little Skellig, einem unzugänglichen Vogelschutzreservat. Überall schweift das Auge über unberührte Natur und weite, wunderschöne Sandstrände. Hinter der Küste liegen die höchsten Berge Irlands, die wilde Schlucht des Gap of Dunloe einschließend, in einer unberührten, atemberaubend schönen Landschaft. Hier gibt es den herrlichen Upper Lake, die Stromschnellen an der Old Weir Bridge. Entfernt taucht plötzlich eine Insel mit exotisch anmutender Atmosphäre auf, Dinis Island, und dann Lough Lane, der große See voll winziger Inselchen, von dem aus man weiterfährt nach Ross Castle, der romantischen Halbinsel mit einer Festung aus dem 16. Jahrhundert, die fast über dem Wasser zu schweben scheint. Rund um das Seengebiet von Killarney liegt der 60 Quadratkilometer große Killarney National Park. Der Lady's View ist der spektakulärste Aussichtspunkt über die Seen von Killarney, wahrhaft einer Dame würdig, wie Königin Viktoria ausgerufen haben soll, als

76–77 Die Skellig-Inseln, Great und Little Skellig, die acht Meilen vor der Halbinsel Iveragh im Meer liegen, sind zwei intakte und geschützte Felsfragmente. Ist die größere Insel, Sceilg Mhichil, der Religion geweiht und seit dem 8. Jahrhundert Sitz eines Klosters, ist die kleine, Little Skellig oder An Sceilg Bheagh, ein Naturschutzgebiet. Es handelt sich hierbei nämlich um ein echtes Vogelparadies.

78–79 Ein Bild von hinreißender Schönheit der Halbinsel Dingle. Hier befinden wir uns in der Gegend von Sybil Head, dem felsigen Vorgebirge, das die Bucht von Smerwick abschließt. Nur Sand, Steilküste und Felder im Hintergrund, ist der westliche Teil der Halbinsel Dingle ein allein der Natur vorbehaltenes Paradies. Das einzige richtige Dorf der Gegend ist Ballyferriter, mit einem Sandstrand und Resten eines Schlosses aus dem 15. Jahrhundert.

80 Die Geschichte des alten Leuchtturms von Hook Head, dem Vorgebirge, das die tiefe Bucht von Waterford in der Grafschaft Wexford im äußersten Südosten Irlands überragt, ist wirklich einmalig. Ein Leuchtturm wurde in der Tat bereits 1172 von Raymond le Gros errichtet, aber der Legende zufolge soll ein Leuchtturm für Seefahrer hier schon seit dem 5. Jahrhundert existiert haben, und zwar soll er von einem Dubhand (Haken, bzw. „Hook") genannten Mönch errichtet worden sein.

***80–81** Der Leuchtturm von Fanad Head am Ende von Lough Swilly, einer tiefen Einbuchtung in der Grafschaft Donegal im äußersten Norden der in den Atlantik ragenden Halbinsel Fanad. Eine Gegend wilder, wellenumtoster Felsenriffe, zwischen denen man häufig unverhofft auf Sandstrände trifft, wie den von Forsalon einige Kilometer südlich von Fanad Head, der sich in die Bucht von Ballymastocker schmiegt.*

***81 oben** Die große und tiefe Bucht von Donegal öffnet sich im südlicheren Teil der gleichnamigen Grafschaft. An ihrem innersten Ende liegt die Stadt Donegal. Es folgen kleine, hübsche Ortschaften, Buchten und Felsen vor dem Hintergrund sanfter Hügel in diesem „Land des Tweeds und der Märchen" genannten Gebiet. Auf dem Foto sehen wir die Felsenriffe in Richtung Mullagmore Head, dem Cap, das die Donegal Bay im Osten abschließt, mit Classie Bawn Castle, dem Schloß der Familie von Lord Mountbatten.*

sie hier eintraf. Und schließlich gelangen wir zur Halbinsel Dingle, einem Ort wilder, einsamer Schönheit. Felsenriffe und endlose Strände, Steindörfer und grüne Felder, eingeschlossen von kleinen Trockenmauern bis zum Meer hinunter: Dingle ist das Irland der Träume, das rauhe, wilde Irland aus Filmen wie *Ryans Tochter* von David Lean. Dessen Hauptschauplatz war der kleine Hafen von Dunquin mit den traditionellen Curraghs, den schwarzen Barken, die die Fischer hier verwenden, den eindrucksvollen Felsenriffen rundum und den vier Kilometern Sand des Strandes Inch, der den romantischen Hintergrund für einige effektvolle Szenen bildete. Etwas außerhalb des Dorfs finden sich sogar noch Reste der 1970 eigens für die Dreharbeiten gebauten Schule.
Besonders sehenswert in Kerry ist das äußerste Vorgebirge Slea Head. Es ist eine Gegend voller Menhire, behauener Felsen und winziger Grotten, mit atemberaubendem Ausblick vom Felsenriff auf die Blasket Inseln, die seit den 50er Jahren unbewohnt sind, auf das stürmische Meer und auf malerische Landschaften, aber auch auf die weiter entfernten Skellig-Inseln und die Halbinsel Iveragh. In Irland ist die Natur reich an Kontrasten. So folgt auf das fast mittelmeerische Klima von Kerry die eigenartige Karstlandschaft von Burren Country. Eine der magischsten und verblüffendsten Landschaften der Insel, die hier ihre grüne Dimension zugunsten von steinernem Grau vergessen zu haben scheint: zerklüftete Felsen, Karstlandschaft mit Pfützen, Dolinen, unterirdischen Grotten, kleinen, vom Boden verschluckten Wasserläufen und den *turloughs*, kleinen Seen, die in der trockenen Jahreszeit verschwinden. Zwischen den Ritzen der Felsen, die riesigen, schlecht aneinandergepaßten Kacheln ähneln, wachsen wunderschöne Wildpflanzen: winzige Sukkulenten, seltene Mikro-Orchideen.

Die Cliffs of Moher bilden hier eine überaus reizvolle Küstenlandschaft. Übersetzt heißen sie „Felsenriffe der Ruinen", vermutlich, um an die Reste einer Festung zu erinnern, die gerade hier gestanden haben soll. Es handelt sich dabei um die spektakulärsten Felsen Irlands. Acht Kilometer lang ist die über 200 m hohe Wand aus Stein, Zufluchtsort für eine Unzahl von Seevögeln, für das Auge des Besuchers maje-

***82 oben** Achill Island, die größte der irischen Inseln, die ein Meerarm von den Küsten von Erris Country trennt, dem Herzen der Grafschaft Mayo, ist in Wirklichkeit keine richtige Insel mehr. Denn heute verbindet eine Brücke sie mit dem Festland, eine Neuheit, die allerdings das Leben von Achill, das eine einsame gälische Hochburg geblieben ist, kaum verändert hat. 130 km windgepeitschte Küste, ein einziges Dorf, Achill Sound, vereinzelte Häusergruppen, die Reste eines Schlosses und vor allem Natur pur, zwischen spektakulären Felsenriffen und endlosen Sandstränden wie dem langen, wunderschönen Strand von Keel, der hier auf diesem Foto abgebildet ist.*

***82 unten** Tory Island, 15 km vor dem Hafen von Meenlaragh an der Küste von Donegal, ist eine Insel mit karger Natur: nur Felsen (der Name der Insel selbst soll von „tor“ stammen, das heißt „die Steinnadeln der Felsenriffe“), Wind, kein Baum, zwei Dörfer, kaum mehr als hundert Einwohner, die nur gälisch sprechen. Einzige besondere Note: die Malerei. Aus der Begegnung von Derek Hill, einem ziemlich bekannten englischen Maler, der in diese Gegend verliebt war, mit James Dixon, einem künstlerisch hochbegabten einheimischen Fischer, entstand auf Tory Island eine richtiggehende Schule naiver Inselmaler, die vor allem in den 60er und 70er Jahren berühmt war.*

***82–83 und 83 oben** Giant’s Causeway, das spektakulärste Naturkuriosum nicht nur von Ulster, sondern ganz Irlands. Etwa 37.000 Basaltsäulen in verschiedenen Größen, von wenigen Zentimetern bis zu den 12 Metern des Giant Organ genannten Felsens, die in Blöcken gruppiert sind und Treppen, Terrassen und bizarre Monumente aus Stein bilden. Bereits im 17. Jahrhundert berühmt, als die Royal Geographical Society erstmals über das Naturwunder berichtete, ist dieses Phänomen das Ergebnis einer unterirdischen Explosion, die wahrscheinlich vor 60 Millionen Jahren stattfand, sowie der Abkühlung und Kristallisierung der damals an die Oberfläche gepreßten Basaltmassen. Der Legende zufolge soll es sich jedoch um den Rest der Straße handeln, die der Riese Finn McCool gebaut hatte, um seine geliebte Riesin zu erreichen, die auf der Insel Staffa an der schottischen Küste lebte (an der einige ähnliche Formationen zu sehen sind).*

stätischer und etwas beängstigender Grenzwall zwischen einem dramatischen Himmel und dem Meer.

Die nächste wichtige Seite des Buchs der irischen Natur ist die geographische Fortsetzung des Burren mit der Connemara. Hier dominieren Felsen und Torf, violette Seen, stahlblaues Meer, eine in Inselchen und Buchten zerbröckelnde Küste. Ein Labyrinth aus Wasser und Erde, mit grünen, durch unzählige Trockenmauern gegliederten Wiesenstückchen und hier und da Pferden, Enten, wilden Schwänen. Darin jene „Steinwüste“ zu erkennen, in die Oliver Cromwell die rebellischen Iren vor mehr als 300 Jahren verbannte, fällt heute schwer. „Entweder Connemara oder die Hölle“ hieß es damals, und in der Tat machten die Steine das Bebauen des Bodens zur Qual. Um die Mitte des 19. Jahrhunderts wütete hier die große Hungersnot am schwersten und ließ keinen anderen Ausweg als die Emigration. Heute sehen wir nur ein Stück intaktes, ländliches Irland mit herrlichen Landschaften von einsamer Schönheit, übersät mit kleinen Seen und Torfhügeln, mit wenigen richtigen Dörfern, einer wildzerklüfteten Küste und windgepeitschten Inseln.

Sehenswert ist besonders Cashel Bay, ein weltfern anmutender, stiller grüner Winkel. Eine wilde Landschaft begleitet uns mit Torf, Heide, Ginster und Rhododendronbüschen bis Clifden, der „Hauptstadt“ von Connemara. Die kleine Marktstadt ganz im Westen der Landschaft wird geschützt durch die Twelve Bens, die zwölf Berge, die zusammen mit Diamond Hill, dem facettierten Granithügel genau hinter dem von Quäkern gegründeten Örtchen Letterfrack, zum Connemara National Park gehören. In seinem Innern birgt Connemara Heideland und Seen, Flüsse und kleine Berge, Rhododendronbüsche und zum Trocknen aufgeschüttete Torfhaufen in einer einmaligen Farbsymphonie. Hier finden wir das Urbild des wahren Irland mit dem einzigartigen Szenario der Landzunge zwischen Lough Corrib und Lough Mask in der Nähe von Cong. Die-

84–85 Einer der unzähligen Sandstrände von Donegal am äußersten Ende der Republik Irland. Mitten in der Weite der Torfmoore liegt der Glenveagh National Park. Die zerklüftete Küste ist ein Wechselspiel zwischen Felsen und Meer, wobei sich hier und da ein atemberaubender Ausblick auf wunderschöne Sandstrände öffnet.

***84 unten** Eine typische Küstenlandschaft von Connemara, der „Steinwüste", in die Cromwell einst die rebellischen Iren jagte: Heute eine intakte Landschaft, atemberaubend schön und wild. Connemara ist auch heute noch ein Labyrinth aus Felsen und winzigen Fetzchen Grün inmitten von Seen und Flüssen.*

***85 oben rechts** Ein charakteristisches Element des Panoramas von Connemara sind die Cottages mit ihren klassischen Strohdächern. In Connemara steht auch bei den typischen Wohnhäusern die Tradition immer im Vordergrund.*

***85 unten rechts** Grün und hügelig, bietet Connemara ein ideales Golfgebiet, wie im übrigen ganz Irland ein Land zu sein scheint, das für diesen Sport maßgeschneidert ist. In der Republik Irland gibt es an die 200 Golfplätze, in Ulster etwa 80, und zwar sowohl in den fernsten Winkeln des Hinterlands wie in der Nähe der größten Städte, mit allen auch für Meisterschaften geeigneten Schwierigkeitsgraden.*

ses Fleckchen Erde hat John Ford (Sohn irischer Einwanderer, sein richtiger Name war Sean Aloysus O'Feeney) für die Dreharbeiten seines Films *The Quiet Man (Der Sieger)* gewählt, Hauptdarsteller John Wayne und Maureen O'Hara. Die Seen, die das Leitmotiv des Irlands von Yeats sind, bieten Bilder von unglaublicher Faszination: Lough Gill, „See der Schönheit", mit einem magischen Szenario, das Yeats verehrte. Oder Lough Inishfree mit dem grünen Lieblingseiland des Poeten, das er in seinen Gedichten besang.

Lough Glencar wird vom Fluß Drumcliffe und den übrigen Wasserläufen gespeist, die von den Darty Mountains kommen („wandernde Gewässer" nannte Yeats sie, der natürlich auch diese Gegend in Poesie verwandelte); rundherum drei Wasserfälle, von denen der bekannteste Stream against the Height heißt, was soviel wie „Wasserfall gegen den Strom" bedeutet, wegen des Windes, der das Wasser nach oben treibt, als wolle er es vor dem Abgrund retten.

In Donegal schließlich, einer noch wilderen und einsameren Gegend, treffen wir eine Landschaft aus grünen Wiesen und Torfhügeln an, die zum Teil durch den Glenveigh National Park eingenommen wird und von winzigen Seen übersät ist: Allein in der The Rosses genannten kleinen Region, einer Hochburg des Gälischen zwischen Dungloe, dem Dorf Crolly und dem Meer, sind es 120. An der zerklüfteten Küste von Donegal wechseln sich Felsenriffe, Halbinseln und Inseln, Fjorde und Buchten ständig ab. Es folgt die höchste Steilküste Europas, Slieve League, 600 Meter hoch über dem Ozean mit atemberaubenden Klippen wie Bloody Foreland, einem dunkelroten Felsen, dessen Farbe im Licht des Sonnenuntergangs erglüht. Horn Head mit immerhin 200 Metern schwindelnder Höhe ist Nistplatz zahlloser Seevögel. Ganz in der Nähe befindet sich der kleine Nationalpark Ars Forest Park, früher Eigentum eines Kapuzinerklosters.

Die eindrucksvollen Landschaften weisen intensive, oftmals finstere Farben auf, genau wie das zutiefst irische, etwas rauhe Gewebe, der Tweed, der hier der

***85 unten links** Unumstrittener Protagonist der Landschaft von Connemara ist das Pony, das sich der kargen Natur perfekt angepaßt hat. Über die Ursprünge dieses Tiers ist nicht viel bekannt, wahrscheinlich ist es das Ergebnis von Kreuzungen zwischen keltischen Pferden und Exemplaren der arabisch-spanischen Rasse, die im Mittelalter aus Galizien eingeführt wurde.*

86 Die Wasserfälle von Powerscourt in den Bergen von Wicklow sind die höchsten Irlands: Über 120 m stürzt das Wasser des Flusses Dargle in die Tiefe. Etwa 5 km von den Powerscourt Gardens liegen, im Herzen eines richtiggehenden Waldes aus Rhododendronbüschen, die Powerscourt Falls, die den eindrucksvollen Hintergrund für den Kampf zwischen König Artus und Lanzelot in dem Fantasy-Film „Excalibur" bilden.

Inbegriff für Stoff an sich ist. So erreicht man über Vorgebirge, Felsenriffe und Buchten, die tief wie Fjorde sind – Cape Fanad, die Klippen von Doagh Beg, die Bucht von Swilly, die friedlichen, grünen Landschaften der Halbinsel Inishowen, Cape Dunree, Cape Head – schließlich Cape Malin, die äußerste nördliche Spitze Irlands.

Wie immer in Irland befinden wir uns auch hier im Grenzbereich zur Legende, zum Mythos, der in spektakulärer Weise am Giant's Causeway Gestalt annimmt, einem der Wunder der Natur, an die wir uns vielleicht aus den Schulbüchern erinnern und die erfunden zu sein scheinen. 37.000 Basaltsäulen, in Blöcken zusammengefaßt, die Stufen, Vorsprünge und Pfade bilden, in einer so regelmäßigen Anordnung, daß fast kein Raum zwischen den vollkommen sechseckigen Oberflächen der Säulen bleibt. Die Säulen weisen ganz unterschiedliche Höhen auf, von wenigen Zentimetern bis zu den 12 Metern der Giant's Organ genannten Riesensäule. Sie sieht wirklich wie eine steinerne Orgel aus, die der Wind zum Klingen bringen könnte. Die Wissenschaft erklärt den Ursprung des Giant's Causeway als Ergebnis einer unterirdischen Explosion, die vor etwa 60 Millionen Jahren stattgefunden haben soll. Eine Basaltmasse wurde an die Oberfläche geschleudert. Sie teilte sich ab und erstarrte in vollkommenen, an Kristallisierungen erinnernden Formen. Die irische Volksphantasie zieht es vor, von der Liebe des Riesen Finn McCool zu einer Riesin zu erzählen, die auf der Insel Staffa vor der schottischen Küste lebte: Um seine Geliebte zu erreichen und sie mit sich zu nehmen, baute Finn den Giant's Causeway, die Straße des Riesen. In Irland ist immer Platz für eine Dimension des Irrealen. Und wie könnte es anders sein, auf einer Insel, die eine verzauberte Seele hat, mit unwirklichen Landschaften zwischen Himmel und Erde? Das Herz der Insel sind die Seen. Ausgehend vom Norden, von der sanften Stille aus Grün und Wasser von Fermanegh, die sich dann im Mikrokosmos der Windungen, Seen und winzigen Fetzchen von Festland verliert.

Und zurück zum Wasser müssen wir auch, wenn wir einen weiteren der unzähligen Reize der irischen Landschaft entdecken wollen: die Inseln, diese Ansammlung von Küstenfragmenten, die Irland, diese große Insel, um sich versammelt. Felsig schwarz oder lieblich mit endlosen Stränden, einsam und unbe-

87 Einige charakteristische Beispiele irischen Grüns: sanfte Weiden, hier und da mit Farbtupfern aus Ginster und Heide, durchquert von Wasserläufen und vereinzelten Schafherden. Diese typischen Landschaften trifft man auf der ganzen Insel an. Auf dem Bild oben links sind wir in der Grafschaft Wicklow, in den Tälern, die sich rund um die Berge von Wicklow öffnen. Darunter ein Bild aus dem Norden: Donegal auf der Halbinsel Fanad, in einem Gebiet voll tiefer Buchten und Seen. Auf dem Foto oben rechts sind wir im Südosten der Insel, in der Grafschaft Cork, mit ihren grünen Wiesen an den Ufern des Flusses Lee. Donegal auch unten rechts: Die Schafe von Donegal sind berühmt, weil aus ihrer Wolle der in die ganze Welt exportierte Donegal Tweed hergestellt wird.

90 Die Küste der Hochebene des Burren in der Grafschaft Clare bietet zahlreiche Landschaften wie diese, die von spektakulären Klippen unterbrochen werden. Hier sind wir in der Umgebung von Kilkee an der südlichen Grenze des Burren, in der Nähe der schmalen Halbinsel, die im Norden die Schlauchmündung des Flusses Shannon abschließt. Kilkee, ein Badeort an der Bucht von Moore, besitzt einen schönen Sandstrand, der im Norden durch die reizvollen Duggerna Rocks, die 100 m hoch über das Meer ragen, gegen den Atlantik geschützt wird.

91–92–93–94 Die spektakulärsten Klippen Irlands, „Cliffs of Moher“ bzw. „die Klippen der Ruinen“, in Erinnerung an eine alte Festung, die früher hier stand: 8 km senkrechte Steinmauern, bis 200 m hoch, die bevorzugtes Siedlungsgebiet unzähliger Meeresvögel geworden sind. Die Aussicht, die man von hier aus genießt, ist wirklich atemberaubend, und an klaren Tagen kann man bis zu den Aran-Inseln, bis Galway und Kerry sehen. Der schönste Aussichtspunkt ist O’Brien’s Tower, der 1835 eigens für einen gefahrlosen Blick über die Felsenriffe erbaut wurde. Neuerdings wurde hier für Besucher ein kleines Informations- und Dokumentationszentrum eingerichtet.

88–89 Zwei grüne Bilder am Rand des Burren in der Grafschaft Clare. Befinden sich in der Nähe der Flüsse und Seen so grüne Weiden wie diese, ist das Herz der Region rund um Lisdoonvarna eher eine karge Landschaft voll Kalksteinfelsen, von der eine geheimnisvolle Faszination ausgeht. Burren heißt „großer Felsen", und das Gebiet ist in der Tat eine riesige, karstige Hochebene mit 30.000 ha Steinen, Pfützen, Dolinen, unterirdischen Grotten und einer besonderen Vegetation aus wilden Blumen, die die winzigen Fleckchen Erdreich, die zwischen den Felsspalten geblieben sind, nutzen: Steinbrech, Enzian, kleine Orchideen wachsen hier.

wohnt oder äußerstes Bollwerk eines Lebens, das im Takt antiker Rhythmen verläuft, leicht zu erreichen oder unzugänglich durch die Launen des Meers: Die Inseln Irlands sind eine Welt für sich. Häufig sind sie Hochburgen gälischer Kultur und Sprache, und natürlich auch Schauplätze von Legenden und Mythen. Wie Tory Island, karge Insel des äußersten Nordens: Herb und streng ist das Wetter, es gibt viel Wind, keinen Baum. Die Bevölkerung spricht ausschließlich gälisch. Tory schöpft aus einem Schatz von Legenden, die von keltischen Göttern wie Balor handeln, dem Gott der Finsternis, der nur ein Auge hat wie die Zyklopen der Odyssee, und von magischen Wunschsteinen, mit denen Eingeweihte Feinde zunichte machen können. Oder Inishbofin, die „Insel der weißen Kuh". Die Kuh soll hier zusammen mit einer alten Hexe erschienen sein und die Macht gehabt haben, denjenigen, der sie berührt, in Stein zu verwandeln. Heute bietet die Insel ein perfektes Zusammenspiel von schönen Stränden, viel Grün und ein paar kleinen Seen. Und dann gibt es noch andere Inseln: Clare, Achil, Rathlin, Aranmore ...

Aber vor allem natürlich die Aran-Inseln werden zunehmend von Touristen besucht. Wenn man den Fuß auf eine der drei Inseln setzt, ist dies ein Schritt in die Vergangenheit. Ein magisch-symbolisches Bild eines authentischen, herrlichen und gleichzeitig schrecklichen Irlands entsteht. Robert Flaherty hat es in seinem Dokumentarfilm *Die Männer von Aran* erzählt, die Geschichte von Fischern und Bauern in einer kargen, feindlichen Natur. Die Aran Inseln sind steinerne „Mondlandschaften" fast ohne Vegetation, ohne Seen, ohne Bäume. Nur Kalksteinsplitter steil über dem Meer, Fischer, die sich mit ihren Curraghs, den typischen, mit geteerter Leinwand ausgekleideten Booten, in die Fluten wagen oder eine endlos lange Angelleine hoch oben von den Klippen werfen. Eine Atmosphäre, die sich seit dem aus den dreißiger Jahren stammenden Film von Flaherty und sogar seit den Berichten des Buchs *Die Aran-Inseln*, einer „poetischen Reportage" von John Millington Synge von 1907, kaum geändert hat. Es gibt zahlreiche Anhaltspunkte dafür, daß es sich bei den Aran Inseln um einen besonderen, vermutlich einmaligen Ort handelt. Ausgehend von der sagenumwobenen Geschichte, die erzählt, daß die ersten Einwohner der Insel Nachkommen von Halbgöttern, den Firs Bolgs, waren. Und dann die steinernen Zeugnisse der Vergangenheit, die hier von beeindruckender Schönheit sind, allen voran die Festung Dún Aengus, das spektakulärste Monument der Insel Inishmore, die uns in eine 2000 Jahre alte Vergangenheit führt. Drei gigantische Halbkreise aus Stein mit einem Durchmesser zwischen 45 und 135 Metern, die buchstäblich steil über dem Felsenriff hängen. Es sind wohl die einzigen Reste einer vollkommen kreisrunden Festung, die durch das Abstürzen eines Stücks Küste zur Hälfte ins Meer kippte. Den schönsten Ausblick hat man von oben, wo das Geheimnis des Ortes in einer an Sciencefiction grenzenden Unerklärbarkeit voll bewußt wird.

99 oben Der Fluß Liffey ist das Herz von Dublin, um das wahrscheinlich 250 v.Chr. das ursprüngliche keltische Dorf entstand, aus dem später das Dyfflin der Wikinger wurde. Auf dem Foto erkennt man die berühmte Brücke über dem Liffey, die Half Penny Bridge, eine eiserne Brücke in Eselsrückenform, die ihren Namen dem früher üblichen Wegegeld (ein halber Penny) verdankt. Es wurde eingeführt, nachdem die Brücke 1816 gebaut worden war, um den Dublinern ohne Wartezeit auf die Fähre den Zugang zum Music Hall and Theatre der Crow Street im Stadtbezirk Temple Bar zu ermöglichen.

99 rechts Grafton Street ist die lebhafteste Fußgängerzone von Dublin, voller Läden und Ecken, an denen Konzerte improvisiert werden, häufig irische Volksmusik mit Saiteninstrumenten. Auf die Grafton Street blickt eine der Dubliner „Institutionen“, das Bewley's Café, mit seiner Einrichtung aus Holz und Marmor und Fenstern aus dem frühen 20. Jahrhundert: ein privilegierter Aussichtspunkt auf das pulsierende Leben der Stadt. Im ersten Stock liegt ein kleines Kaffeemuseum.

100 Die „In“-Lokale für die Jugend befinden sich im Bezirk Temple Bar, einem Stadtteil am Liffey. Es ist ein lebhaftes Viertel mit Szenelokalen, Kunstgalerien, trendy Läden. Gemeinsamer Nenner sowohl der Pubs wie der Avantgarde-Lokale ist die Musik. Traditionelle irische Musik kann man nahezu in jedem Pub hören, der etwas auf sich hält. Ihr werden Festivals gewidmet, wie das Feis Ceoil von Dublin oder das Fleadh Ceoil von Clonmei. Eine antike Musik mit Violinen, Flöten, Harfen, Ziehharmonikas, in der der Geist der irischen Harfenbarden aus dem Mittelalter lebendig geblieben ist. Heute wird diese Musik von „jungen“ Musikern und Gruppen wieder aufgegriffen, die die irische Volksmusik international bekannt gemacht haben. Oder der Rock: Die interessantesten Gruppen sind heute Iren, angefangen bei den mythischen U2. Allein in Dublin spielen an die 100 Bands abends in Clubs und Szenelokalen.

Herz von Trinity vordringen, das noch verborgener ist: Die antiken Hölzer der Old Library strahlen Ruhe aus, in der Bibliothek überwältigt der Long Room mit 65 m Länge und Büchern, soweit das Auge reicht. Hier werden die wahren Schätze aufbewahrt, das *Book of Kells* zum Beispiel, das prachtvolle, mit Miniaturen geschmückte Manuskript der Evangelien, das auf das 9. Jahrhundert zurückgeht, ein aus einem anonymen Kloster-Scriptorium stammendes Werk, das wahrscheinlich zunächst auf der Insel Jona, später in Kells in der Grafschaft Meath von kunstbegabten Mönchen verfaßt wurde. Sie kamen aus ganz Europa hierher, um ein Werk zu schaffen, das viel mehr als eine einfache, mit Miniaturen geschmückte Schriftsammlung sein sollte: Es sollte das schönste Buch der Welt werden, für alle Jahrhunderte Schrein der Botschaft des Christentums, hocherhaben über der Finsternis der Barbarei. Übersät mit auch heute teilweise noch geheimnisvollen Symbolen, ist das *Book of Kells* die denkbar großartigste Visitenkarte einer Stadt, deren besonderer Reiz in ihrem Mysterium liegt. Zudem kann man im Long Room des Trinity College auch die älteste Harfe Irlands (6. Jahrhundert), die Harp of Brian Boru, besichtigen. Wie es sich für eine so schillernde, wechselhafte Atmosphäre gehört, die wie der Himmel über Dublin nie vorhersehbar ist, findet man sich, heraustretend aus dem vergangenheitsbezogenen Bannkreis der Universität, plötzlich mitten im pulsierenden, geschäftigen Leben von Grafton Street: Man schlendert an zahllosen Läden entlang, junge Musikanten spielen auf, um ein bißchen Geld zu verdienen. Das Bewley's Café ist mit seinem historischen Minimuseum über Kaffee und die Geschichte des Lokals eine echte Institution. Hinter den Glasfenstern des frühen 20. Jahrhunderts von Harry Clark ist das Bewley's eine kleine Beobachtungsstation Dubliner Lebens. Genau wie die grüne Insel St. Stephen's Green, das 9 ha große Parkgelände aus dem 17. Jahrhundert, das sich dort öffnet, wo die Grafton Street endet. Rundherum schöne georgianische Häuser, der

100–101 In Dublin kann man auch viele klassische Pubs mit ihrer viktorianischen Atmosphäre, antiken Einrichtungen, Spiegeln und Stuckverzierungen finden, die ein idealer Ort für ein Stout sind, das dunkle Bier (Guinness oder Murphy's), das Getränk schlechthin.

101 oben *Dieses Foto entstand im Rock Garden, einem der beliebtesten Lokale von Temple Bar, anläßlich eines der seltenen öffentlichen Auftritte der mittlerweile legendären Band The Commitments, die Hauptdarsteller des gleichnamigen Kultfilms von Alan Parker waren.*

***102 links** Von dem ursprünglichen Dublin Castle ist wenig übriggeblieben. Die normannische Festung aus den frühen Jahren des 13. Jahrhunderts wurde im 17. Jahrhundert durch einen Brand zerstört: Nur die Reste von ein paar Türmen sind geblieben, die durch das heutige Gebäude, das im Stil des 18. und 19. Jahrhunderts gehalten ist, verdeckt werden. Bis 1922 war das Castle Sitz der englischen Regierung, und von 1916 bis 1922 wurde es auch als Gefängnis für politische Häftlinge verwendet. Heute ist es Sitz des Hohen Gerichts und teilweise für das Publikum geöffnet. Besichtigt werden können das heraldische Museum im Bedford Tower, die Königliche Kapelle und die Staatsgemächer mit der großen St. Patrick's Hall (Bild links unten), einst Ballsaal, in der alle sieben Jahre die Zeremonie der Amtseinsetzung des Präsidenten der Republik Irland stattfindet.*

***102 rechts** St. Patrick's Cathedral, deren Dechant von 1713 bis 1745 Jonathan Swift war, der Autor von Gullivers Reisen, ist die größte Kirche Irlands. Der Überlieferung zufolge soll sie im 5. Jahrhundert vom hl. Patrick selbst gegründet worden sein, aber in Wirklichkeit geht das heutige Gebäude auf den Beginn des 13. Jahrhunderts zurück (oben). Die Kathedrale ist von einem kleinen Park umgeben, in dem Statuen irischer Literaten stehen. Das Innere (unten) beherbergt unter anderem die Gräber von Swift und Esther Johnson, der großen Liebe des Schriftstellers, die er in seinen Gedichten mit dem Namen Stella besang.*

viktorianische Charme des Hotel Shelbourne und in der Mitte Wiesen zum Entspannen, kleine Waldfetzen, aus denen Statuen berühmter Iren lugen, von einem von Henry Moore stammenden Yeats bis zur Büste von Joyce, und sogar ein winziger See. Hier hören die Dubliner im Sommer Konzerte, sitzen auf den Bänken und lesen oder legen sich einfach ins Gras. Die Iren schätzen und pflegen ihre Grünanlagen. Das erkennt man auch im Zentrum der Stadt an den hübschen kleinen Plätzen. Wer die Upper Merrion Street einschlägt, die kurz hinter dem Shelbourne Hotel liegt (aufgepaßt, auch Straßen haben in Dublin zwei Gesichter, upper und lower: eines der Rätsel für alle Besucher der Stadt bzw. wieder eine Art, Dublin noch geheimnisvoller zu machen), findet sich nach einem Blick in die National Gallery of Ireland, die reichste Gemäldesammlung des Landes, mitten in der streng georgianischen Atmosphäre von Merrion Square, wo unter anderen Oscar Wilde als Kind (Haus Nr. 19) und Yeats (Häuser Nr. 52 und Nr. 82) gewohnt haben. Der ganze umliegende Bezirk ist monumental, aber wie immer natürlich ohne Prunk, ganz im Sinne des Irish Way of Life. Hinter der National Gallery liegen der Reihe nach die National Library (der große Lesesaal ist prächtig), Leinster House, Sitz des Parlaments, und das National Museum. Hier kann man keltisches Gold bewundern, aber auch Funde aus der Wikingerzeit und aus dem irischen Mittelalter. Es brachte kleine Meisterwerke hervor wie den goldenen Kelch von Ardagh oder den aus Silber und Bronze von Derrynafland und den sogenannten Krug von Tara aus Gold- und Silberfiligran mit Bernsteinintarsien. Und wo ist das Mittelalter draußen in der Stadt? In Wirklichkeit ist nicht viel davon geblieben. Von der antiken normannischen Festung aus dem 13. Jahrhundert blieben nach einem Brand nur ein Paar Türme, und das sogenannte „Schloß von Dublin" stammt ganz aus dem 18. und 19. Jahrhundert. In der Christ Church Cathedral, der protestantischen Kathedrale, ist von der 1038 errichteten ursprünglichen Kirche die lange Krypta mit dem vermutlichen Grab von Strongbow, dem ersten normannischen Eroberer Irlands, übriggeblieben. Hier in der Nähe lag das Dublin der Wikinger, wie nördlich von der Kathedrale zutage gekommene Reste beweisen. Und später das mittelalterliche Dublin, das man in einer der etwas kitschigen Rekonstruktionen (Dublinia, im Gebäude neben der Christ Church Cathedral) besichtigen, oder besser, das man sich vorstellen kann, wenn man die heutige High Street entlanggeht, die

***103** Die Christ Church Cathedral ist die älteste protestantische Kirche Dublins. Die ursprünglich dort stehende Kirche geht auf das Jahr 1038 zurück und war vom ersten Bischof von Dublin, Dunan, gegründet worden. Sie stand im Herzen der mittelalterlichen Stadt, wurde später abgerissen und von den Normannen ab 1172 wieder aufgebaut, im 14. Jahrhundert vergrößert und im 19. Jahrhundert tiefgreifenden Veränderungen unterworfen. Von der normannischen Kathedrale ist die Krypta geblieben, die im Mittelalter auch als Taverne verwendet wurde. Im Schiff liegt auch das mutmaßliche Grab von Strongbow, Richard de Clare, dem ersten Eroberer Irlands.*

104 oben *Das Trinity College, das von Königin Elisabeth 1592 gegründet wurde, war jarhundertelang so sehr ein Bollwerk des Protestantismus, daß katholische Studenten, die sich hier immatrikulieren wollten, eine schriftliche Erlaubnis des Bischofs vorweisen mußten, wenn sie nicht aus der Kirche ausgeschlossen werden wollten. Zu den berühmten Studenten der Universität gehören Jonathan Swift, Oscar Wilde, Samuel Beckett. Heute ist das College nicht nur die renommierteste Hochschule Irlands, sondern auch ein aktives und lebendiges Kulturzentrum.*

__104–105__ Unter den zumeist aus dem 18. und 19. Jahrhundert stammenden Gebäuden gebührt ein Sonderplatz der prachtvollen Old Library, der antiken Bibliothek. In ihrem Long Room, dem 65 m langen und 13 m hohen Saal auf zwei Ebenen, werden über 200.000 seltene Bücher und antike Kodexe aufbewahrt, unter anderem das Book of Kells, die kostbare Abschrift des Evangeliums aus dem 9. Jahrhundert.

__105 oben__ Der Bau der Bank of Ireland, der auf die Green College Street blickt, liegt fast genau gegenüber dem Trinity College. Er wurde zwischen 1729 und 1739 errichtet und war im 18. Jahrhundert der Sitz des irischen Parlaments, ein wegen des Kampfs für die irischen Rechte symbolträchtiger Ort. Anschließend wurde das Gebäude 1800 nach dem Union Act und der Aufhebung des Parlaments an die Bank of Ireland verkauft, die 1804 besonders die Innenräume stark veränderte, um es der Funktion anzupassen, für die es vorgesehen war. Doch sind die Säle, in denen die Parlamentarier zusammentraten, und vor allem das Oberhaus noch zu sehen.

Hauptstraße der früheren mittelalterlichen Stadt, mit der St. Audeon's Church, dem kleinen Friedhof und den Resten antiker Stadtmauern. Wie dem Reisenden nun wohl klargeworden ist, sind in Dublin die Dinge nie so, wie sie scheinen, und die Gegensätze leben friedlich nebeneinander. So gelangt man vom imaginären mittelalterlichen Dublin übergangslos ins reale, volkstümliche Dublin des Viertels Libertiers, das zwei ganz gegensätzliche Gebäude aufweist, und zwar ein heiliges einerseits mit der Kathedrale von St. Patrick und ein profanes andererseits mit der Guinness Brauerei. Die Kathedrale von St.Patrick ist die zweite protestantische Kathedrale des streng katholischen Dublin. Hier arbeitete Jonathan Swift als Dechant. Er wurde zusammen mit Esther Johnson „Stella", seiner ersten großen Liebe, in der Kathedrale begraben. Die lateinische Inschrift, die von Swift selbst stammt, faßt in etwa den Sinn seines Lebens zusammen: „Hier ruht er, wo wilde Empörung sein Herz nicht mehr zerreißen kann. Geh deinen Weg, oh du, der du vorübergehst, und versuche den nachzuahmen, der nach besten Kräften versuchte, ein unbeugsamer Verfechter der Freiheit zu sein." Die Guinness Brauerei andererseits ist das, was man als Kathedrale des Biers bezeichnen könnte. Das große, finstere Backsteingebäude an der St. James Street beherbergt die Brauerei, in der seit über 200 Jahren das dunkle Stout-Bier gebraut wird. Sie kann wie ein Museum besichtigt werden, in dem die Geschichte eines Biers rekonstruiert wird, die im Grunde ein erneuter Beweis für die irische Hartnäckigkeit ist: Man schreibt das Jahr 1759, als der junge Arthur Guinness, 34 Jahre, mit ein bißchen Erspartem und einer gewissen Erfahrung im Bierbrauen, beschließt, das Zollhäuschen von St. James Gate ganz in der Nähe des Flusses Liffey zu mieten. Fünfundvierzig Pfund pro Jahr waren zu entrichten. Dafür war es ihm und seinen Erben erlaubt, es für 8975 Jahre zu nutzen. Das schien eine Falle zu sein, da es den Brauereien damals alles andere als gut ging und das einzige erfolgreiche Bier das natürlich aus England importierte Entire war. Doch Arthur schafft eine irische Alternative: ein volkstümliches, robustes, nahrhaftes Bier. So entsteht das dunkle Guinness, ein Mythos. Sein Symbol: eine antike keltische Harfe, die auf Flaschen und Bierhumpen abgebildet ist. Ein Rekordbier, nach dem später das gleichnamige Guinnessbuch der Rekorde entsteht, das in den sechziger Jahren das weltweit meistverkaufte Buch nach der Bibel wird. Und nun zurück zum Fluß, an dem alles entstanden ist. Am Liffey entlang liegen etliche Monumente: die massigen, neoklassizistischen Four Courts, Sitz des Obersten Gerichtshofs von Irland. Oder das Custom House, das alte Zollhaus. Es gibt Alltägliches, wie zum Beispiel Temple Bar, das seit dem 18. Jahrhundert ein lebhaftes, heute liebevoll restauriertes Handelsviertel voll kleiner Werkstätten und Geschäfte ist (am Haus Nr. 4 der Parliament Street liegt der älteste Laden der Stadt, der des 1670 eröffneten Messerschmieds Thomas Read and Co.). Theater und Music Halls, alternative Lä-

__105 unten__ Die Statue von Daniel O'Connell, ein Werk von John Foley, steht auf einem von Siegesengeln getragenen Monument und bewacht mit der gestrengen Würde eines echten Helden der nationalen Unabhängigkeit das geschäftige Leben der O'Connell Street, der Hauptverkehrsader von Dublin.

106 Die farbigen Türen der historischen Häuser des georgianischen Dublin und die Architektur der elegantesten Residenzen des Zentrums stellen eine der Hauptattraktionen der Stadt dar. Der georgianische Stil, der unter Georg II. (1727–1760) Furore machte, orientierte sich an palladianischen Vorbildern und kam besonders in öffentlichen Gebäuden zum Ausdruck. Ein idealer Gang durch das georgianische Dublin sollte auf keinen Fall Fitzwilliam Square, Fitzwilliam Street, St. Stephen's Green und Marrion Square auslassen, die besonders reich an historischen Zeugnissen sind.

106–107 Ein schönes traditionelles Haus mit efeuberankten Mauern, weiß gelackten Türen und Fenstern, Blumen auf der Fensterbank. Die Fahrräder, mit denen man sich auch in der Stadt meistens fortbewegt, wurden sorgsam auf dem Bürgersteig abgestellt. Ein paar Leute mit Regenschirm, einem unerläßlichen Zubehör in einer Gegend, wo das Klima häufig wechselt und kein Tag ohne einen kurzen Regenschauer vergeht (aber die Sonne kommt immer und ganz unverhofft wieder!). So schön typisch irische Bilder sind in Dublin an der Tagesordnung.

den und Trend Shops, kleine Restaurants, Pubs, Kunstgalerien und das Irish Film Centre in der Eustace Street: Die Seele des „neuen" Dublin hat den Charme der Vergangenheit bewahrt.
Auf die andere Seite des Liffey führt die O'Connell Street in den Norden der Stadt. Die große Geschäftsstraße mit Läden, Kinos, Kaufhäusern zieren etliche Statuen der „Väter des Vaterlandes": Daniel O'Connell, William Smith O'Brien, Sir John Grey, Pater Theobald Matthew, Charles Steward Parnell. An der O'Connell Street liegt das Hauptpostamt, Hauptquartier der Revolte von 1916. Von der O'Connell Street gelangt man auf Parnell Square. Auf ihn blicken die Hugh Lane Municipal Gallery of Modern Art, die im früheren Domizil des Grafen Charmont liegt, das Theater, The Gate, das Rotunda Maternity Hospital und schließlich das Dublin Writers Museum, ein Museum der Schriftsteller, das in einer so stark durch die Literatur geprägten Stadt wie Dublin nicht fehlen durfte. Ein facettenreiches Dublin zwischen Geschichte und Moderne: Wie soll man daraus das Puzzle einer einzigen Stadt zusammenstellen? Wieder einmal ist der Leitfaden die Literatur, in vollkommener Symbiose mit der spielerischen, geselligen Atmosphäre der Pubs. Denn einem irischen Spruch zufolge kommen „mindestens zwei Dichter auf jeden Pub". Daraus erwächst das Dublin von Joyce, das die Hauptfigur von Ulysses, Leopold Bloom, an jenem schicksalhaften 16. Juni 1904 durchquert. Der Joycesche Rundgang des Bloomsday (dem man mit Karten und Hilfe der den ganzen Weg entlang angebrachten Messingschilder leicht folgen kann) ist streng nach Schlüsselorten und Pubs gegliedert, von Madigans an der North Earl Street – dunkles Holz, bunte Glasfenster und Spiegel, eine Pendeluhr, die daran erinnert, daß die Zeit flieht, ein schöner Marmortresen und eine Statue von Joyce genau gegenüber dem Eingang – zum Davy Byrnes Pub in der Duke Street. Der Moral Pub, in den Leopold einkehrt und ein Brötchen mit Schimmelkäse und ein Glas Burgunder verzehrt. Hat man einmal begonnen, findet man die Pubs wie von selbst: Der Brazen Head, der älteste von Dublin, stammt aus dem Jahr 1688. Der Bailey, der den Joyce-Liebhabern den Eingang der Eccles Street Nr. 7 vorbehält, bzw. das Haus von Leopold Bloom, Doheny and Nesbitts, John Kavanagh's gegenüber dem historischen Friedhof von Glasnevin (und einem Verstorbenen im Pub zu gedenken, ist beste irische Tradition). Kitty O'Shea, McDaid's, in den 50er Jahren Treffpunkt der Schriftsteller von Brendan Behan bis Patrick Kavanagh und Brian O'Nolan und noch heute als literarischer Pub renommiert. Und weiter Mulligan's, in dem Joyce Stammgast war, Palace, die viktorianischen Stag's Head, Ryan's Pub und James Toner's, der einzige Pub, in den sich auch der so scheue Yeats gewagt hätte. Neary's mit seinen surrealen Metallarmen an der Fassade, die Leuchtschilder tragen. Man kann sich verlaufen, wenn es stimmt, daß Dublin 1000 Pubs hat. Was gleichbedeutend mit 2000 Dichtern ist.

111 In einem Land, wo das feuchte Klima das Wachstum der Weiden fördert, ist die Viehzucht beinahe ein Muß. Rinderzucht findet natürlich dort statt, wo das Gras am fettesten ist (fast 6 Millionen Exemplare), während in den kargeren Gebieten, wo der Boden weniger fruchtbar ist, die für Fleisch und Wolle bestimmten Schafe die Landschaft dominieren. Hier zwei Bilder karger Regionen: Der Hirt auf der Abbildung oben beim Scheren in Inishbofin, einer winzigen Insel vor Connemara mit nur 180 Einwohnern, und auf der Abbildung unten Tiere in den „Mond"-Landschaften des Burren, wo auf einer felsigen Hochebene nur mageres Gras wächst.

Sinnes für Gastfreundschaft, der in der Einsamkeit einer Insel immer stärker ausgeprägt ist als anderswo.

Die Lebensart der Iren läßt sich vielleicht am besten als vernünftiges Gleichgewicht zwischen Heiterkeit und Wärme einerseits und ironischer Resignation und Fügung in das Schicksal andererseits charakterisieren, immer durchdrungen von einem hartnäckigen Optimismus.

„Slainte's saol", der Trinkspruch, der Gesundheit und langes Leben wünscht, und „it could be worse", es könnte schlechter gehen, und „I shouldn't worry", mach dir nichts draus, gefolgt von einem „laß es sein", das eine Aufforderung ist, alles auf Morgen zu verschieben, gefolgt von einem allgegenwärtigen „thanks be to God". All dies scheint in eindeutigem Gegensatz zu dem kämpferischen Geist zu stehen, der die Iren in den wichtigen Dingen auszeichnet. Irland ist eben eine Insel der Widersprüche. Darin liegt die irische Lebensphilosophie. Und wo findet man sie? Vor allem natürlich im Pub, Quintessenz irischer Geselligkeit. Traditionsgemäß bleibt ein Ire nur Weihnachten zu Hause. An allen anderen Tagen des Jahres ist der Ort, an dem man sich trifft, der Pub. Wo der Ire, mit Hilfe einer entsprechenden Menge Bier (vorzugsweise Stout) und Whiskey (unbedingt mit dem e, dreifach destilliert und etwas ganz Besonderes, nicht von ungefähr stammt der älteste der Welt, Entstehungsjahr 1608, von Bushmill's) jene Kunst der Wortgewandtheit vorführen kann, die er von den alten Kelten geerbt hat. Das war auch dem griechischen Historiker Diodorus schon vor über 2000 Jahren aufgefallen: „Bei der Konversation sprechen sie in Rätseln ... machen Anspielungen und deuten vieles an. Häufig übertreiben sie."

Der von den Kelten abstammende Ire hat sich also kaum geändert. Die Übertreibung ist eine Kunstform für die redseligen Iren, die phantasievolle Geschichten voller Rätsel und Wortspiele erzählen. Und brüstete sich nicht auch Joyce damit, seinen Ulysses mit so vielen Rätseln gespickt zu haben, daß die Kritiker und Universitätsprofessoren damit für Jahrhunderte genug zu tun haben würden? Mit Worten zu spielen ist für einen Iren die Art und Weise, je-

ANN MARIE

112 Im 15. und 16. Jahrhundert ein bedeutender Handelshafen, von dem aus die Schiffe nach Amerika aufbrachen, ist Dingle heute vor allem ein Fischereihafen, der gut geschützt am Ende der Bucht liegt und in dem es immer vor bunten Booten wimmelt.

***113 oben links** Die Atmosphäre der Stadt Dingle ist die eines echten Ferienorts – im Sommer verdoppelt Dingle seine Einwohnerzahl durch Touristen und Studenten, die hierher kommen, um gälisch zu lernen – mit zahlreichen Läden, Pubs, bunten Häusern, kleinen Restaurants, in denen man ausgezeichneten Fisch und Krustentiere essen kann, aber auch Kunstgalerien, Handwerksläden, literarischen Cafés. Denn Dingle ist außerdem eine kleine kulturelle Hauptstadt der gälischen Tradition.*

***113 unten links** Ein Bild der Küste von Ulster in der Grafschaft Down: der Ferienort Newcastle am Fuß der Mourne Mountains, die in dieser Gegend mit besonders effektvollen Klippen ins Meer ragen. In dem kleinen Ort mit seinen eng um die Kirche gedrängten Häusern ist außer allen Seesportarten das Golfspiel heimisch: Hier liegt der Royal County Golf Club, einer der schönsten Plätze der Welt.*

nen ironischen Humor auszudrücken, der im Grunde nichts anderes als die Fähigkeit ist, über sich selbst zu lachen und nichts allzu ernst zu nehmen. Es ist dieselbe bissige Ironie der Poeten und Barden, die in der gälischen Gesellschaft eine privilegierte Stellung einnahmen, gerade weil ihre Worte schärfer waren als Schwerter. Das Spiel mit Worten wird oft zur Satire, die sich auf die Seite der Armen schlägt und mit Jonathan Swift ihre höchste Ausdrucksform erreicht.

Die Diskussion ist im Grunde nur ein Vorwand, auch wenn einige Themen häufig wiederkehren, mit einer speziellen Vorliebe für Respektlosigkeit gegenüber den Obrigkeiten, besonders den Politikern, und einigen unvermeidlichen mythologischen Anspielungen, zumal der Schatz an Sagen und Legenden Teil des Alltags geworden ist. Ansonsten wird frei fabuliert: Die verräucherte Atmosphäre des Lokals wird Mittelpunkt der Welt und das Verhalten im Pub zur Urform des irischen Lebensstils. So ist es auch kein Zufall, daß alle offiziellen Anlässe im Pub gefeiert werden. Die Sportereignisse zum Beispiel, die hier hauptsächlich mit Pferden zusammenhängen, der Leidenschaft aller Iren. Die ganze Welt der Pferde – von den berühmtesten Rennen, dem Derby von Curragh, der

***113 rechts** Der Fischfang stellt dank 5630 km Küste außer einer wichtigen Ertragsquelle auch eine große Touristenattraktion Irlands dar, und zwar sowohl im Meer, in dem etwa 70 verschiedene Fischarten heimisch sind, wie in den 500 Seen und den über 15.000 Kilometer Flüssen, in denen Forellen und Lachse vorherrschen. Vom Wasser auf den Teller ist der Weg nicht weit. Die auf Fischen und Meeresfrüchten basierende Küche ist eine der irischen Spezialitäten. Und zu den lokalen Köstlichkeiten gehören vor allem die Austern, die vornehmlich in Galway (Bild unten) heimisch sind, der Stadt, wo jedes Jahr um den 20. September ein richtiggehendes Austern-Festival stattfindet, mit riesigen Platten roher Austern und Strömen von Guinness Bier (dem Getränk, das am besten zum Geschmack der Auster paßt), der Wahl einer Miss Oyster und einem Wettkampf zwischen den schnellsten Austernöffnern der Welt.*

ST. PATRICK'S
BED

114–115 Eine Pilgerfahrt zum Croagh Patrick, dem heiligen Berg Irlands, ist ein Ausdruck intensiver Frömmigkeit irischer Katholiken. Der Berg, ein 760 m hoher Steinhaufen, überragt die Grafschaft Mayo und die Küste der Clew Bay. Bereits bei den Kelten war er ein geheiligter, dem Kult des Königs Crom geweihter Ort. Der hl. Patrick soll hier im Jahr 441 n.Chr. 40 Tage gefastet und gebüßt und von hier aus Irland von den Schlangen befreit haben: Er ließ eine Glocke läuten, worauf die Ungeheuer sich vom Gipfel des Berges hinab in die Tiefe gestürzt haben sollen. Jeden Tag brechen Pilger jeden Alters auf, um den Gipfel des heiligen Berges zu erreichen, wozu es etwa zwei Stunden Fußmarsch über die Steine bedarf. Aber die größte Wallfahrt findet Anfang August statt, wenn über 60.000 Gläubige, davon etliche barfuß, im Morgengrauen von der nahen Abtei Murrisk in Richtung des heiligen Bergs aufbrechen, wo das steinerne Lager des Heiligen gewesen sein soll, und eine Messe gefeiert wird.

Dublin Horse Show, zu den ländlichen Wettkämpfen, den Pferdemärkten (der älteste und renommierteste findet im Oktober in Ballinashoe statt) – kommt am Pub nicht vorbei. Die Wetten, Geschäfte, Emotionen eines Wettkampfs (den man im Fernsehen verfolgt, auch die Pubs gehen mit der Zeit), die Siegesfeiern. Ein Endspiel des gälischen Fußballs Hurling, des Nationalsports, oder ein Hunderennen: Das „Vorher, Während und Nachher" findet im Pub statt. Im Pub trifft man sich auch nach der Messe, nach einer Beerdigung (das Gedenken der Toten im Pub ist ein Muß: Manche hinterlassen sogar eine bestimmte Summe, damit ihre Freunde im Pub auf ihr Andenken trinken können) und wenn man heiratet oder ein Kind geboren wird. Dies ist die profane und vitale Seite eines Volks, das tiefreligiös ist und beispielsweise nicht zögert, sogar barfuß zur Spitze des Croagh Patrick, dem Berg des heiligen Patrick, zu pilgern.
Andererseits sind die Heiligen, viel Humor und die Fähigkeit der kleinen Leute, sich keine Sorgen zu machen, auch bitter nötig, um das harte Leben auf dem Land zu meistern, das uralten Rhythmen folgt. Denn das Leben in einer Hauptstadt, mit Geschäften, Büros, der Jugend (Irland ist ein junges Land, jeder zweite Ire ist unter 25) ist etwas ganz anderes als das Leben im grünen Irland, das rund um die Stadt liegt und dessen Welt sich aus Hirten, Züchtern, Fischern und Bauern zusammensetzt. Jene ganz besonderen irischen „Zigeu-

116 oben In Irland werden einige Sportarten betrieben, die wirklich einmalig sind, häufig auf eine lange Tradition zurückblicken und nur auf der Insel populär sind. Der gälische Fußball zum Beispiel ist eine Art Mittelding zwischen Football und Rugby. Er wird von zwei Mannschaften mit jeweils 15 Spielern mit einem Fußball gespielt, doch können die Spieler sowohl die Hände als auch die Füße einsetzen: Die Regeln sind häufig unklar und lassen deshalb freie Interpretationen zu, wodurch das Spiel ausgesprochen lebhaft wird. Der sehr spektakuläre Sport ist bei den einheimischen Fans sehr beliebt.

116–117 Irischer Nationalsport par excellence ist das Hurling, der schnellste Open-air-Sport der Welt, dessen Ursprünge uralt sind und wahrscheinlich auf die Zeiten der gälischen Helden zurückgehen. Jedes Hurlingspiel ist ein bedeutendes Ereignis und zieht Massen von Liebhabern an. Man spielt Hurling mit Mannschaften von 15 Spielern, von denen jeder mit einem gebogenen Holzschläger (hurley) bewaffnet ist, mit dem er gegen einen kleinen Lederball (sliotar, weniger als 4 cm Durchmesser) am Boden schlagen und ihn in die Luft schleudern muß. Als Treffer gilt ein Ball, der hinter den Pfosten des Tors (7m) landet, das dem des Rugbys ähnelt.

ner" nicht zu vergessen (die allerdings mit den Zigeunern des Kontinents nichts gemein haben), die travellers oder tinkers genannt werden und wahrscheinlich die Nachfahren jener Siedler sind, die zur Zeit der großen Enteignungen durch die Engländer von ihrem Besitz vertrieben wurden. Mit einem von Pferden gezogenen Wohnwagen als Haus streifen sie durchs Land. Verläßt man die Städte, überwiegen Impressionen vorindustrieller Natur, mit Menschen, die wie immer gebückt Kartoffeln auflesen und wie immer den geduldig in kleine Ziegel gepreßten Torf zum Heizen ihrer Häuser verwenden. Menschen, die in einem seit Jahrhunderten unveränderten und ewig gleichen Umfeld leben. Die an Kobolde, die Vorsehung und die Heiligen gleichermaßen glauben und deren Optimismus unbeirrbar ist. Wie eine irische Anekdote erzählt: Es gibt nur zwei Dinge, um die es sich lohnt, sich zu sorgen: ob man gesund oder krank ist. Ist man gesund, gibt es keinen Grund zur Sorge. Ist man krank, gibt es zwei Möglichkeiten: Entweder man wird gesund oder man stirbt. Wird man gesund, gibt es keinen Grund zur Sorge, stirbt man, gibt es wieder zwei Möglichkeiten: Entweder man kommt in den Himmel oder in die Hölle. Kommt man in den Himmel, gibt es keinen Grund zur Sorge. Kommt man in die Hölle, hat man soviel damit zu tun, allen Freunden die Hände zu drücken, daß man keine Zeit mehr hat, sich Sorgen zu machen. Wozu sich also Sorgen machen?

CORK

BARRY'S TEA
8
BARRY'S TEA
5
Smithwick's

***118–119** Pferderennen sind eine weitere Leidenschaft der Iren. Es vergeht praktisch kein Tag, an dem auf den verschiedenen Reitbahnen kein Pferderennen stattfindet, von den eleganten Derbys und den mehrere Tage dauernden Rennen wie in Galway, Tralee oder Listowel bis zur Lokalfolklore der Strandrennen wie den „Zwei Meilen" von Laytown, dem einzigen offiziellen Strandrennen Europas. Eine der Gegenden, in denen die wichtigsten Reitveranstaltungen stattfinden, ist außer Dublin und Umgebung die Grafschaft Kildare inmitten der grünen Wiesenlandschaft Currach, die über 30 Reitställe zählt. Hier wird zum Beispiel Ende Juni das berühmte Budweiser Irish Derby ausgerichtet – ein Rennen, das 2000 Jahre alt sein soll – und hier finden von Mai bis September etliche weitere, auch auf nationaler Ebene renommierte Wettkämpfe statt, wie das Irish 1000 Guineas Horse Race (Fotos) von Ende Mai. Die Atmosphäre der Rennen ist die übliche, mit Pferdekennern, Buchmachern und der Hektik aufregender Wetten.*

***118 oben und 119 oben** Während eines Pferderennens kann man natürlich die eleganten Ladies sehen, die jene unglaublichen Hüte zur Schau tragen: Sie sind unerläßlicher Bestandteil des Panoramas.*

122–123 Cork, die zweitgrößte Stadt Irlands, seit jeher so katholisch und so republikanisch, daß es ihr die Bezeichnung „die Rebellische" eintrug, ist die ewige Rivalin Dublins, der sie unter anderem den Rekord als führende Bierproduzentin (hier wird das Murphy's gebraut, historischer Gegenspieler des Dubliner Guinness), als Stadt mit den meisten Pubs und mit der berühmtesten Universität bzw. mit dem am stärksten ausgeprägten kosmopolitischen Geist streitig macht.

124 oben *Bei vielen Bauten von Belfast herrscht der neoklassizistische Stil vor, der auf Sir John Slicane zurückzuführen ist, der zu Beginn des 19. Jahrhunderts hier tätig war. Eine Charakteristik des urbanen Gefüges sind Parks und Plätze. Hier eine Synthese beider Elemente mit dem Union Theological College of Presbyterian Church in Ireland an der Botanic Avenue.*

124–125 *Donegal Square, das Herz von Belfast, wird durch das grandiose Gebäude der City Hall vom Anfang des 20. Jahrhunderts beherrscht, das eine fast 100 m lange Fassade und Türme an den vier Ecken aufweist. Doch ist der ganze Platz von bedeutenden Gebäuden umgeben, von denen etliche im georgianischen Stil gehalten sind, wie das Scottish Provident Building, das mit Figuren von Löwen, Sphinxen und Delphinen geschmückt ist. In der Mitte der Gärten des Platzes befinden sich die Statue der Königin Viktoria und das Denkmal der Titanic, die in den Schiffswerften von Belfast gebaut wurde.*

***125 oben** Etwas außerhalb des Zentrums von Belfast finden wir mitten im Grünen dieses neugotische Gebäude der Queen's University. Es wurde im Tudor-Stil erbaut, mit einer schönen Fassade aus rotem Ziegelstein, grandiosen Steinfenstern und einem Turm in der Mitte, dem wohl das College von Oxford als Vorbild gedient hat. Werk des Architekten Sir Charles Lanyon, Urheber etlicher bedeutender Bauten von Belfast, wurde sie 1849 gebaut und erhielt sofort den Namen Queen's College, während die Anerkennung als Universität erst 1908 erfolgte. Heute ist sie eine international renommierte Hochschule mit über 8.000 immatrikulierten Studenten.*

***125 Mitte** Im botanischen Garten von Belfast steht das prachtvolle Palm House, eine hinreißende Struktur aus Glas und Eisen, die zwischen 1839 und 1852 von Richard Turner gebaut wurde und damals eines der ersten Treibhäuser dieser Art war. Der botanische Garten ist etwa 38 Morgen groß.*

***125 unten** Belfast erhielt 1888 den Stadtstatus und erteilte dem Architekten Brumwell Thomas zugleich den Auftrag, ein Rathaus, die City Hall, zu bauen, das den neuen Zustand der Stadt machtvoll zum Ausdruck bringen sollte. 1908 fertiggestellt, beherrscht die City Hall mit ihrer Fassade aus Portland-Stein, die durch Säulen und einen schönen Portikus gegliedert wird, das Handels- und Einkaufszentrum von Belfast. Jede der drei Ecken wird von einem Turm überragt, und die mittlere Kuppel ist über 50 m hoch. Innen befinden sich elegante Säle und prachtvoll ausgeschmückte Rokokodecken.*

nigin Elisabeth zu umgehen, weswegen ein wundersamer „Stein der Beredsamkeit" auf den Zinnen des Hauptturms die gleiche Wortgewandtheit all denjenigen verleihen soll, die ihn küssen. In Irland ist alles möglich.

Ist Cork die rebellische Stadt, verdient **Galway** die Palme der schönsten Stadt. Lebhaft, geschäftig, kosmopolitisch, vereint sie in einer seltsamen Synthese, die nur hier in Irland gelingen kann, den Hang zur gälischen Kultur (an der Universität werden die Doktorarbeiten auf gälisch besprochen) und zu traditioneller Musik mit der Vorliebe für Austern. Nicht von ungefähr befinden wir uns im Herzen des Oyster Country, dem Austernland, und das Galway Oyster Festival, mit dem im September die ersten Austern der neuen Saison mit Strömen von Guinness Bier gefeiert werden, ist ein Ereignis, das man nicht verpassen sollte. Der Reiz des normannischen Galway, offizielles Entstehungsjahr 1232, liegt im Grunde gerade in der Tatsache, daß die traditionsbewußte Stadt mit ihren hübschen, pastellfarbigen Häuschen und ihren handgemalten Schildern so klein und angenehm altmodisch geblieben ist. Auch hier dürfen allerdings ein paar Kuriositäten nicht fehlen. Wie die spanisch anmutende Atmosphäre, die hier und da in der Stadt – z.B. in Lynch's Castle und der Spanish Arch – spürbar ist und die wohl aus der Jahrhunderte zurückliegenden Zeit stammt, als Galway die Hauptstadt des Handels mit dem fernen Spanien war. Sogar Christoph Kolumbus soll hiergewesen sein und in der normannischen Kollegiatskirche St. Nicolas gebetet haben, bevor er aufbrach, die Neue Welt zu entdecken. Der Fluß Corrib ist eine Art Leitfaden der Stadt und gleichzeitig eine Aufforderung zur Reise in die Vergangenheit. Zum Beispiel eine Aufforderung, am anderen Ufer des Flusses den Vorort Claddagh zu entdecken, der früher ein Fischerdorf aus strohgedeckten Hütten und der Ort war, an dem der Claddagh Ring entstand, der traditionelle Ring aus zwei verschlungenen Händen, die ein Herz halten, der ideale Ring für irische Zaubereien. Die Reise geht weiter – Natur, Literatur, Märchen: **Sligo**, kleine Hauptstadt des äußersten Nordens im Herzen jenes mythenschweren Irlands, das Yeats besang. Die Seele der Stadt ist ganz dem Gedächtnis des Dichters gewidmet, dessen Schaffenskraft sich hier an dieser wilden Landschaft, in der er seit seiner Kindheit seine Ferien verbracht hatte, entzündete. Da sind das Yeats Me-

126–127 Derry, zur Zeit der englischen Herrschaft Londonderry genannt, hat in der Altstadt am Ufer des Flusses Foyle sein ursprüngliches Aussehen bewahrt. Die Stadt wird ganz von Mauern eingeschlossen, und ihre Häuser drängen sich dicht um die Kathedrale aus dem 18. Jahrhundert, St. Colomban, die an der Stelle errichtet wurde, an der der Heilige ein Kloster gegründet haben soll. Außerhalb der Stadtmauern von Derry fehlt es nicht an bemerkenswerten Gebäuden wie der Guildhall, dem Rathaus von Derry City. Den neugotischen Bau aus Kalkstein, der auf das Jahr 1890 zurückgeht, ziert ein Glockenturm, der einer der größten der Britischen Inseln ist. 1908 durch einen Brand und 1972 durch eine Bombe beschädigt, wurde die Guildhall 1984 von der Londoner Regierung restauriert.

morial Building und die faszinierenden Erinnerungsstücke des County Sligo Museum and Yeats Gallery. Und im Hinblick auf Yeats ist es unmöglich, Sligo von seinem umliegenden „Land der Herzenswünsche“ zu trennen: Rosses Point und der Berg Knocknarea, wo die Königin Maeve, Heldin des keltischen Mythos, begraben sein soll; Inishfree, der See und die kleine, grüne Insel, die Yeats so liebte. Und natürlich Drumcliffe, am Fuß des Benbulben, des magischen Bergs der keltischen Mythologie, Schauplatz der Liebe von König Diarmud und Grainne. Auf dem kleinen protestantischen Friedhof von Drumcliffe ruht Yeats so, wie er es in seinem letzten Gedicht beschrieben hatte. Ein kleines, mit weißen Steinen bedecktes Grab, und auf dem Grabstein die berühmte Inschrift: „Cast a cold eye on life, on death. Horseman, pass by!“ (Wirf einen kalten Blick, o Reiter, auf Leben, auf Tod – und dann zieh weiter!).

Bei Entdeckung der irischen Städte ist man nie vor Überraschungen sicher. So ist **Limerick**, nach der die Nonsens-Verse der angelsächsischen Tradition benannt werden, eine zweigeteilte Stadt, die aus einer English Town und einer Irish Town besteht. Sie weist den höchsten Glockenturm Irlands auf, den der neugotischen Kathedrale St. John.

Wexford, kleine Stadt mit der Vergangenheit eines großen Hafens und gemütlich-altmodischem Aussehen, an die hundert Pubs, schmalen, gewundenen Straßen mit kleinen Häuschen. Wollen Sie noch weiter? In der nächsten Umgebung liegen viele hübsche Orte, die einen Besuch lohnen: **Kilkenny**, die kleine Hauptstadt der gleichnamigen Grafschaft. Der Hafen von **Kinsale**, von dem im Mittelalter die Pilger nach Santiago di Compostela in Galizien aufbrachen, mit einem wunderschön alten, georgianisch geprägten Stadtteil. **Waterford**, die nach den Glasermeistern des 18. Jahrhunderts benannte Kristallstadt. **Killarney** mit seiner Ferienort-Atmosphäre inmitten der magischen Kerry-Seen. **Tralee** mit seinen Folk-Traditionen, die Halbinsel Dingle mit ihren farbenfrohen Häusern ...

Durch ein gemütliches Irland, auf einer Entdeckungsreise in völliger Freiheit, ohne Regeln und ohne Grenzen, gelangen

__127 oben__ Muckross House, ein schönes Landhaus im Tudor-Stil, wurde 1843 an den Ufern des Muckross-Sees im Herzen des Killarney National Park errichtet. Das Gebäude, in dem auch Königin Viktoria einst zu Gast war (65 Zimmer, ein prachtvoller Garten mit Rhododendren und Azaleen), ist heute Sitz des Kerry Folklife Center, des Museums für Naturkunde, Handwerk und Landwirtschaft.

128 oben links An der Küste der Grafschaft Antrim, in der Nähe des Schlosses von Dunluce und von Bushmill, der kleinen Stadt, in der die älteste Whiskey-Destillerie der Welt (Gründungsjahr 1608) ihren Sitz hat, ist Portrush ein hübscher Ferienort mit einem malerischen kleinen Hafen. An der Seepromenade ein schöner Golfplatz und zahlreiche Sandstrände.

128 unten links Ebenfall an der Küste der Grafschaft Antrim, zwischen Bushmill und Ballycastle, ist Ballintoy ein sehenswerter kleiner Hafen, der von Felsenklippen eingefaßt in einer vornehmlich von Fischern und Seevögeln bevölkerten Landschaft liegt. Genau gegenüber von Ballintoy und gut sichtbar von der Bucht von Beheeshane erkennt man Sheep Island, eine kleine, hauptsächlich von Kormoranen bewohnte Insel.

128 oben rechts Die kleine Stadt Kinsale in der Grafschaft Cork ist einer der schönsten Fischereihäfen Irlands. In der Stadt gibt es mehr Restaurants als in jeder anderen Stadt Irlands, und alljährlich findet hier das internationale Food Forum statt.

128–129 Portstewart, kleines Städtchen in der Grafschaft Londonderry, dessen Name von den Royal Stewarts of Scotland stammt, denen man den Bau des ersten Hauses der Ortschaft (1790) verdankt (auf dem Bild der kleine Hafen und Häuser an der Küste), ist vor allem für seinen langen Strand berühmt, eine 3 km lange goldene Sandzunge, die die Mündung des Flusses Bann abschließt.

wir in den Norden, nach **Derry** und **Belfast**. Hinter seinem Grenzstadt-Charakter überrascht Belfast mit der ganzen Schönheit einer echten Metropole. Rostiger Stacheldraht und Unabhängigkeits-Graffiti an der Shankill Road koexistieren mit der „eigentlichen“ Stadt, die am Lough, dem langen Fjord, der sie vom offenen Meer trennt, und an den Ufern des Flusses Lagan vor dem Hintergrund sanfter Hügel liegt. Ihre schönen viktorianischen Häuser bilden einen eleganten, auch nach 25 Jahren Bürgerkrieg überraschend intakten historischen Stadtkern. Man beginnt den Rundgang am Donegall Square, dem Herzen von Belfast mit der City Hall aus den frühen Jahren dieses Jahrhunderts, der Statue der Königin Viktoria, dem Denkmal, das an den Untergang der Titanic erinnert, die hier in den Werften von Belfast gebaut wurde, der Linen Hall Library aus dem späten 18. Jahrhundert und den Standplätzen der traditionellen Taxen. Es folgen der Bezirk der Great Victoria Street mit dem Great Victoria House im viktorianischen Stil und der Royal Belfast Academical Institution, einem georgianischen Bau aus dem frühen 19. Jahrhundert. Die Golden Mile weist die meisten Pubs und Restaurants auf in dieser unerwartet lebhaften Stadt, in der Musik, Ausstellungen und Kultur einen hohen Stellenwert einnehmen.

Der berühmteste Pub von Belfast, der Crown Liquor Saloon in der Great Victoria Street, strahlt eine gemütliche Atmosphäre aus, mit intarsiertem Holz, Stuckdecken, Spiegeln, alten Lampen und Arabesken. Andere altehrwürdige Pubs sind White's Tavern, der älteste Pub der Stadt, Gründungsjahr 1630, Kelly's Cellar, Robinson's, Front Page, Duke of York ... Etwa ein Dutzend historische Etappen, neben unzähligen anderen geselligen Orten. Was die beiden Teile des Landes, die im Grunde eine einzige Seele haben, nach außen sichtbar vereint, ist vielleicht gerade diese Geschichte des Alltäglichen, die in der rauchgeschwängerten Atmosphäre der Pubs geschrieben wird.

***129 oben** Auf diesem Foto kann man die weißen kleinen Häuser von Galway in der Grafschaft Connaught sehen, die sich auf dem Wasser der großen Bucht reflektieren.*

131 links *Die Phantasie der Maler ist zusammen mit dem irischen Sinn für Humor die beste Werbung. So finden wir an der Wand der Gaelic Bar die Geschichte des schlauen Iren, der die Zahlung des Wegegelds an der Brücke vermeidet, indem er selbst das Zugpferd spielt.*

131 rechts *An Häuserfassaden wird auch einmal für Irish Coffee, Sandwiches und Musik (oben) geworben. Viele Werbeschilder wecken Erinnerungen an historische Ereignisse, wie das „Bed & Breakfast“ (unten): Die spanische Armada hatte im 16. Jahrhundert vergeblich versucht, der „irischen Sache“ gegen England zu Hilfe zu kommen.*

130 Sie sollen gute Laune machen, Kobolde verjagen, den Himmel wieder heiter werden lassen ... und wer weiß was noch! Sicher ist, daß die Farben der irischen Häuser kleine Meisterwerke naiver Kunst sind. Und wenn das Haus einen Pub beherbergt, was vor allem in den Dörfern oft der Fall ist, scheinen der Phantasie keine Grenzen gesetzt zu sein. Das Guinness, das berühmte dunkle Bier, ist ein guter Vorwand zum Einkehren, denn die Gelegenheiten für einen schmackhaften Snack fehlen nie, und die Kultur des B & B, Bed and Breakfast, ist wie geschaffen für längere Pausen. Die herzliche irische Gastfreundschaft tut dann das Übrige.

136 Die Abbildung zeigt ein Fachgeschäft für Wollstrickwaren in Galway. Die Wolle der Schafe von der Hochebene von Galway ist besonders wertvoll und wird für die Herstellung von Strickwaren verwendet, besonders der beliebten weißen Pullover, die typisch für die Aran Inseln sind: Der Legende zufolge sollen ertrunkene Fischer an den Strickmustern ihrer Pullover identifiziert worden sein, von denen jede Familie ihr eigenes besaß. Die nicht ganz so feine Wolle der Schwarzkopfschafe wurde hingegen zumeist zum Weben von Teppichen und Stoffen verarbeitet. Heute ist die traditionelle Handarbeit des Strickens auf die Westküste der Insel, insbesondere die Gegend um Galway, beschränkt.

ABBILDUNGEN AUS MUSEEN UND KUNSTSAMMLUNGEN

Dublin - Bibliothek des Trinity College 24 oben links, 24 oben rechts, 25

Dublin - Nationalmuseum Irland 22, 23 oben rechts, 23 oben links

Florenz - Palazzo Pitti 29 oben rechts

Lyon - Museum der Schönen Künste 28-29

London - Tate Gallery 31 oben links

London - National Army Museum 30-31

London - National Portrait Gallery 30 unten, 48 unten

Monaco - Stiftung Maximilianeum 30 oben

Sheffield - City Art Galleries 32-33

REGISTER

Die kursiven Zahlen verweisen auf Bildlegenden